政治思想の知恵

マキャベリからサンデルまで

仲正昌樹 編

法律文化社

政治思想の知恵◇目　次

序　章　「政治思想史」で何を学ぶか？

0　本書の特徴

本書は、西欧近現代の政治思想史を、大学で初めて学ぶ人向けの教科書である。西欧近現代を代表すると思われる一四人の思想家を取り上げ、各章で一人ずつ紹介する。その一四人は以下の通りである：マキャベリ、ホッブズ、ロック、ルソー、スミス、カント、ベンサム、ミル、アーレント、バーリン、ロールズ、ハーバマス、ノージック、サンデル。

いずれの思想家にも取り上げるべき著書や論文は多々あるが、煩瑣にならないよう、代表的なテクストの、頻繁に引用される箇所に照準を合わせ、キーワードに即して解説することにした。スタイルの面から見れば、比較的オーソドックスな教科書になっているのではないかと思う。

ただし、一四人のチョイスは、少し変わっているのではないかと思う。現代の政治哲学、特に「正義」「自由」「平等」「民主主義」をめぐる議論で圧倒的に大きなウェートを占める、英米の（広義の）「自由主義」系の思想の諸潮流の理論・歴史的背景を分かりやすく紹介することに重点を置くラインアップになっている。

二〇一〇年に、マイケル・サンデルがハーバード大学で行っている授業〈Justice〈正義〉〉が、「白熱教室」というタイトルで、NHKで放送されて以降、日本ではちょっとした「政治哲学」ブームが起こった。その影響で、サンデル理論と関係の深い自由主義系の政治哲学者・倫理学者に対する関心も少しばかり拡がった。本書を読めば、現代の自由主義系の政治哲学的議論を本格的に学ぶに当たって知っておくべき思想家たちの立ち位置が明らかになるのではないかと思う。

従来の思想家別の政治思想史の教科書では、市民社会論や国家論に大きな影響を与えたヘーゲル、社会主義・労働者運動に圧倒的な存在感を示すマルクスが必ず取り上げられる。近代化論や官僚制論で知られるウェーバーや、ポストモダン系の権力論の代表格であるフーコーなども取り上げられることが多い。本書では、そうした国家論・権力論系の議論は、思い切って省略することにした。

それらの議論に意味がなくなったと言うつもりはないが、その方面に力を入れると、どうしてもヘーゲルやマルクスなどが前提とする、特殊な「人間」観、「歴史」観、「世界」観に深入りすることになり、自由主義系の政治思想史の系譜の中に組み込むことが難しくなる。ヘーゲル、マルクス、フーコーなどについては、これとは別の専門的な——恐らく「脱自由主義」を共通テーマとする——教科書が必要になるだろう。

自由主義系の政治哲学・正義論の最大の魅力は、「人間」観、「歴史」観、「世界」観にあまり深入りしないことによって、様々な価値観、政治的主張の人たちが〝自由〟に参加できる、議論のプラットフォームを作り出せるところにある。それが、本書のタイトルでもある、「政治思想の知恵」である。一四人の思想家に即して、現代の自由主義系の政治哲学に繋がる政治思想史の流れを辿っていくことで、「自由主義」のあっさりした魅力を伝えることができればと思う。

以下、本書で紹介していく、自由主義的な視点から見た、近現代政治思想史の概略を示しておこう。

1 「政治」の再発見

社会の中で生きる人間は、集団的意志決定をしなければならないことがしばしばある。紛争を解決したり、資源を配分したり、共同で事業を行ったり、外部に対する安全を図る際に、集団の意志を決定しなければならない。西欧近代においては、その意志決定の領域として「政治」が、そして「政治」が行われる主要な場である「国家」の存在がクローズアップされることになった。

「政治」を意味する英語〈politics〉は、語の作りから分かるように、古代のギリシアの「ポリス polis」に関係している。古代ギリシアのポリス、特にアテネでは、相互に対等な立場にある「市民」たちの自由な討議と、法に基づく、集団的自己統治（自治）の様式が発展した。「市民」たち一人一人は、そうした集団的な営みに参与すべく、自らの人格を鍛え上げることを目指すようになった。それが、「政治」の原型である。

「正義」論の元祖とも言うべき哲学者アリストテレスは、ポリスの公的空間で展開された「政治」と結び付いた、人間の「善き生」を論じた。ポリスは、様々な個性を持った人たちが、共通の「善」の理想にコミットしながら、それぞれの人格の完成を目指して生きる、特殊な空間であった。「人間は政治（ポリス）的動物である」というアリストテレスの有名な言葉にはそうした意味が込められている。ポリス的な生に根ざした「政治」の本来の意義を現代において再発見し、公共的討議を活性化させる可能性を探究したのが、アーレントだ。サンデルの「共通善」論も、アリストテレス的な「政治」観に依拠している。

中世においては、国王や封建領主による家政的・一方的な支配が行われ、かつキリスト教会による精神的な支配も浸透し、市民たちの自己統治という意味での「政治」に固有の意義は見失われた。全ての人間を罪人と見なすキリスト教は、自立した個人たちによる自治を認めなかった。

しかし、ルネサンスを契機としての「(市民的)ヒューマニズム」の復興や宗教改革によって、キリスト教会の権威が衰退し、価値観・世界観の統一性が希薄になり、ヨーロッパ全体の秩序が不安定化していく中で、ヨーロッパ諸国は、自らの領域と、そこに生きる人々を合理的に統治し、領域内の秩序を維持することを志向し始めた。それと並行して、ドイツ人、フランス人、イタリア人といった、文化的共同体としての「国民 nation」の意識が次第に芽生え、人々の間に定着するようになった。各国とも「国民」を一つにまとめることを統治の基本とするようになった。

そうしたプロセスが進んで行く中で、領域的に統合された「国家」という単位と、それを運営する――宗教や道徳から独立した――人間による統治の論理としての「政治」が再びクローズアップされるに至った。その変化を明確に意識し、定式化したのはマキャベリである。彼は、『君主論』で、「国家」を維持するうえで、君主が心得ておくべく技術、特に人民の支持を取り付けるための手法を、信仰や道徳的な前提抜きの、純粋な「政治」の論理として記述した。もう一つの主著である『ディスコルシ(政略論)』では、古代ローマをモデルとして、公共善を身に付けた市民たちの自己統治による共和制を、君主国よりも安定した「政治」の形態として描き出している。

2　社会契約論の時代

一七世紀になると、宗教と政治の分離が更に進み、国王による中央集権的な支配体制が確立され始めたが、今度は、封建的支配から解放され、自由な経済活動を行うようになった「市民」たちが、次第に発言権を強めて行く。そのため、国家や政府の存在意義を証明する必要が生じた。そこで、国家や政府の設立に、人民自身が既に「合意」を与えていると想定する「社会契約」論が登場し、政治理論として大きな意味を持つようになる。

一七世紀半ばの英国では、ピューリタン革命と共和制という不安定な時代を経験したホッブズは、「自然状態」の中で生きる人々が、不可避的に生じる戦争状態を回避し、自己保存という目的を達成すべく「国家」を創設し、全員の人格を「代表」する「主権者」に「自然権」を譲渡するという社会契約論を展開した。「国家」の安定を重視するホッブズは、いったん主権者に権利を譲渡した後は、抵抗することはできないという論を展開した。

それに対して、名誉革命期の哲学者ロックは、ホッブズと同じく「自然状態」仮説から出発するが、自然状態においても、各人の生命・身体・財産に対する自然権が相互に承認されており、決して戦争状態ではないと主張する。そのうえで、人民は、自らの自然権を守るために政府に統治権力を「信託」しただけであり、政府がその信託の目的に反する行為をすれば、信託を取り消すことができるという論拠から、抵抗権を正当化した。彼の抵抗権論は、アメリカの独立宣言を始め、近代市民革命に影響を与えた。

一八世紀の啓蒙主義の時代に啓蒙主義の抱える根源的問題を指摘することを通して注目を集めるようになったルソーは、「社会契約」が成立するには、それまで自然状態にあったはずの人々の間で、まず「一つの人民」になるという合意が必要であること、そして、「人民」の「共同的自我」の意志である「一般意志」が成立している必要があることを指摘し、「社会契約論」を完成させた。彼の議論は、主権が、「一般意志」の主体である「人民」に由来することを前提にしているので、「人民主権」論の嚆矢と見なされることが多い。フランス革命の指導者たちは、ルソーの影響を——正しいルソー理解によるものか否かは別として——強く受けたことが知られている。

3　市民社会における政治・道徳・立法

一八世紀は、経済的・政治的に自由に活動しようとする、市民たちから構成される「市民社会」が発見される時代である。古典派経済の創始者で、労働価値説を発見したアダム・スミスは、『国富論』で、市場での交換関係を通して社会的分業が推進され、社会全体の富が増大する可能性を示唆した。たとえ各人が、自らの利益の獲得に邁進したとしても、市場の調整作用によって、社会全体の利益になるわけである。そうした、経済的自由の主張の一方で、『道徳感情論』では、各人に備わっている共感能力が、市民社会的な関係性の中で鍛えられ、次第に「公平な観察者」の視点を獲得するようになり、それが、「正義」の基盤になるという議論を展開している。彼を始めとするスコットランド啓蒙主義の論客たちは、市民社会を基礎付ける道徳を探究した。

英国やフランスに比べて近代化が遅れたドイツでは、カントが、「自律」をベースとする義務論的な道徳理論——結果に関わりなく、普遍的な道徳法則に従おうとする動機によって、行為の正／不正が決まるとする理論——を構築した。彼は、まだ十分に理性を働かせる準備ができていない市民たちにいきなり統治権を与えるのではなく、まず、啓蒙専制君主の統治下で、公共的討議を積み重ね、理性を十分に使用できるようになることを目指すべきだと主張した。ハーバマスは、市民社会における公共圏の発展と、それが現実の政治に与えた影響を社会史的に分析している。

一八世紀の終わりから一九世紀にかけて、市民主導の議会制民主主義が定着し始める時期になると、従来の慣習的な法体系に代わって、科学的な立法によって人民の幸福に繋がる法制度を構築しようとする動きが起こって来る。それをリードしたのが、ベンサムに始まる功利主義の思想だ。ベンサムは、正義や道徳感情などを排して、

「最大多数の最大幸福」を道徳と立法の基本原理にすることを提唱した。

一九世紀半ばの社会主義が台頭した時代に、功利主義の代表的理論家になったミルは、民主主義化された社会において、多数派が自分たちの意見を無条件に正しいものと見なし、少数派を抑圧する可能性があることを危惧した。彼は『自由論』で、他者に危害を加えない限り、個人の自由が最大限に尊重される「自由の領域」を、民主主義の領域から切り分けることを提案した。彼の考え方は、その後の自由主義の政治哲学を規定することになる。

4 「自由主義」の擁護

第一次大戦後、最初の社会主義国であるソ連が誕生し、第二次大戦後は、東欧や東アジアに相次いで社会主義政権が成立した。生産手段の公有化を通して、人々が労働において連帯し、経済的に平等になる「共産主義社会」を理想として掲げる社会主義陣営の攻勢に対抗すべく、自由主義陣営の中でも「自由」の哲学が求められるようになった。

ラトビア出身の英国の哲学者バーリンは、「〜からの自由」という形を取る「消極的自由」と、「〜への自由」という形を取る「積極的自由」を概念的に分けたうえで、前者を中心に考えるべきだと主張した。「積極的自由」には、社会全体として目指すべき理想状態を固定化し、個人の自由を抑圧する恐れがあるからだ。「消極的自由」をベースとする彼の自由論は、ミルの「自由」観の影響を強く受けたとされている。

ナチズムとソ連型社会主義に共通する「全体主義」の問題を歴史的に分析したアーレントは、経済的利害を中心に動く近代市民社会の政治の〝限界〟を指摘し、古代のポリスにおける「政治」の本質を掘り起こすことを試みた。彼女は、「政治」の本質を言論活動にあると見て、言論活動のための「自由の空間」を「構成」することの重要性を強調した。

アメリカの倫理学者ロールズは、厚生経済学やゲームの理論等の手法を取り込んで精緻化した「社会契約」論の手法によって「正義の原理」を定義し、それを起点に社会的制度を構築することで、民主主義と自由主義、平等と自由を両立させるための枠組みを提供した。それぞれの「善」を追求する各人が、相互に支え合うための基礎として「正義」を考えるわけである。各人の正義感覚を、社会全体としての正義の原理の選択に反映させるために、彼は、「原初状態」における「無知のベール」という仮想の装置を考案した。強い利他心を持たなくても、「正義」の原理に合意できる可能性を示したロールズの議論は、倫理学、政治哲学、経済哲学、法哲学など幅広い分野にわたって大きな影響を与えた。それは、社会主義的な平等の要素を、自由主義の中に取り込むことを哲学的に正当化する、新しい思想戦略のように見えた。

社会的・自然的な偶然性に由来する不平等の影響をできるだけ除去すべく、社会的弱者に有利な形での財の分配を正当化するロールズに対し、「自由」それ自体を重視するリバタリアン（自由至上主義者）たちは、「国家」の存在そのものを問題にする議論を展開するようになった。ノージックは、自然状態から国家の創設までに至るロックの推論を、自分なりに再解釈し、そこからリバタリアン的な結論を導き出す。人々が自然状態で獲得した原初的な「権原」に起因する権利を保障することに特化した「最小国家」の存在は正当化されるが、それを超えて更に財の「再配分」を通しての平等化を目指す、ロールズ的な福祉（拡大）国家は認められないと主張した。

一九八〇年代から台頭してきた、コミュニタリアン（共同体主義者）は、ロールズなどによるリベラルな正義論は、各人の価値判断の背景を成している、共同体の中で慣習的に形成された文化的アイデンティティの問題を無視しているとして、「リベラリズム」批判の議論を展開した。サンデルは、善（価値）の問題を抜きにして「正

図序-1　本書で扱う政治思想史の系統図

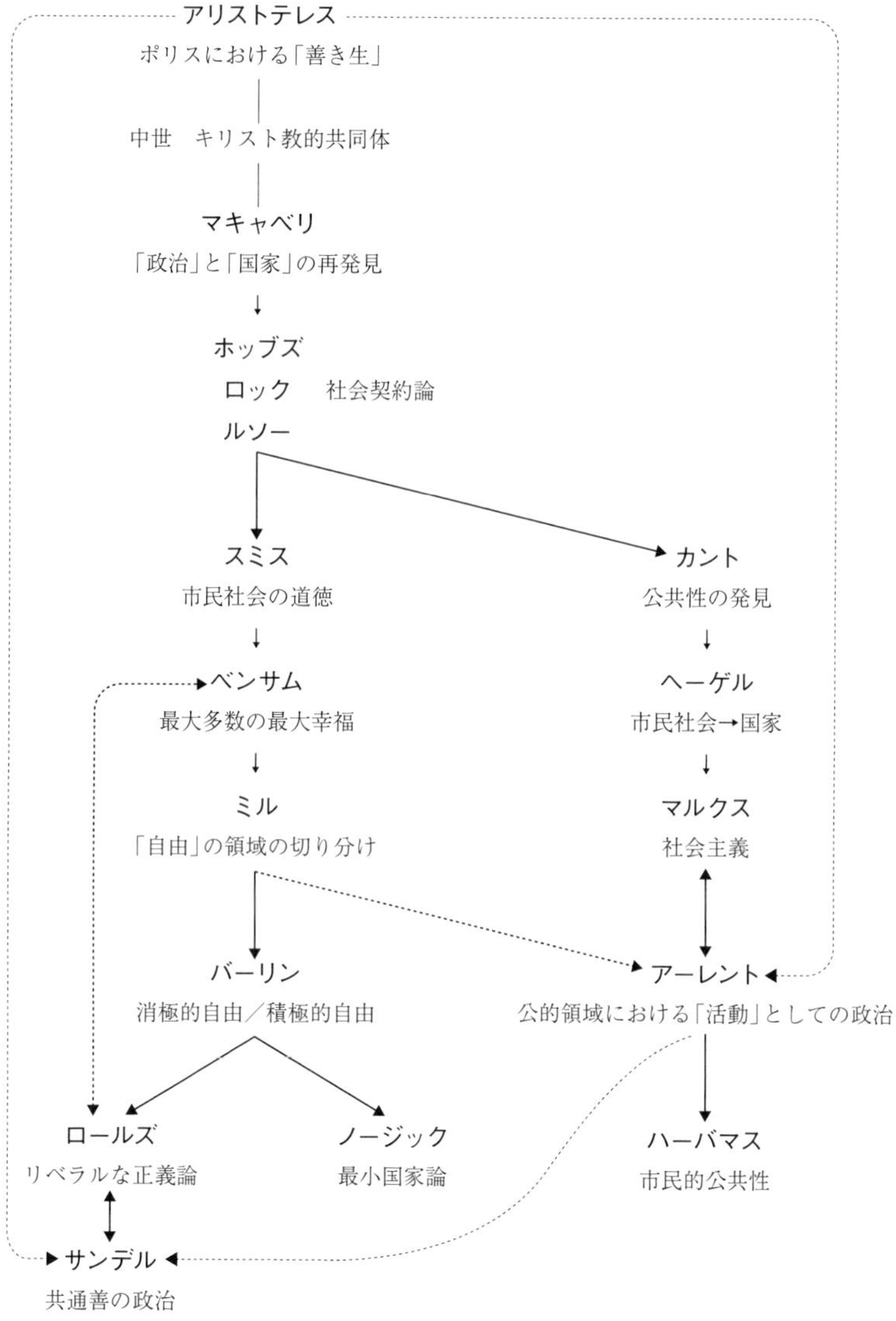

義」を語ることは不可能であるとして、アリストテレスにまで遡る「共通善（共同体にとっての善）」の政治の復権を提唱するようになった。

八〇年代後半以降のロールズは、普遍的な「正義」の原理を哲学的に探求することよりも、西欧の自由民主主義的な政治文化を核としながら、異なった世界観・価値観を持った人々の間で、「重なり合う合意」を形成することを目指すようになった。そこで新たに重要になるのは、他者に対して、自らの議論の根拠を示すことのできる「公共的理由」、および、それを示すことのできる知的能力としての「公共的理性」である。こうした問題の立て方は、一貫して市民社会における公共性、コミュニケーション的理性についての研究を探求し、それを民主主義論に応用することを模索するようになったハーバマスの議論にかなり接近している。この二人を中心に、公共的な討議を通して合意の可能性を拡大することを目指す、「熟議的民主主義論」の系譜が生まれてきた。

第1章　マキャベリ

■新しい国家観の誕生

【キーワード】　必要、力量、運命、シヴィック・ヒューマニズム、国家《スタート》、共和政体、国家理性

1　フィレンツェの政治的動向と新しい政治の必要

ニッコロ・マキャベリ（Niccolò Machiavelli　一四六九─一五二七年）が政治的著作を書くに至った要因の一つに、当時のイタリア半島の混沌で分裂した政治情勢があることは確かである。イタリア半島ではナポリ、ミラノ、ヴェネツィア、フィレンツェ、ローマ教皇領といった多くの君主国や都市国家が群雄割拠しており、相互に争いと妥協を繰り返していた。そうした小規模な国家間の対立はイタリア半島の統一を遅らせるばかりでなく、フランスやドイツといったヨーロッパ列強のイタリア侵略を招くものであった。特に一四九四年にフランスのシャルル八世がナポリ王国の相続権を主張してイタリア半島に軍事侵攻し、一時期とはいえイタリア半島のほとんどを席巻したことが不安定な状況に更に拍車をかけた。こうした不安定な政治情勢が、傭兵部隊に基づくイタリア諸国家の軍事的脆弱性や国民軍の創設の必要（necessità）をマキャベリに気付かせるものであったことは容易に想像できよう。

こうした外患に加えて、マキャベリが生まれ育ったフィレンツェでのめまぐるしい政権交代や反乱も、マキャ

ニッコロ・マキャベリ

ベリに政治的著作の執筆を促した内患であった。もともとメディチ家に支配されていたフィレンツェは、先のシャルル八世のイタリア侵攻をきっかけにメディチ家が逃亡すると、狂信的で雄弁な修道士サヴォナローラの神政政治の支配に服することになる。市民に厳しい節制と清貧を強いるかれの神政政治は教皇の破門によってあえなく崩壊し、サヴォナローラは、武力をもって人々に自分への服従を強制することのできぬ「武器なき預言者」（『君主論』六章）とマキャベリに酷評されることになる。次のソデリニ共和政政府にマキャベリは書記や軍事委員として仕えることになるが、その職務を遂行している最中で、かれはチェーザレ・ボルジアやユリウス二世といったたぐいまれな力量＝ヴィルトゥ（virtù）を持ち備えた人物と接触する機会を得る。しかし彼らと違って共和政体制下のフィレンツェ市民が勇敢な力量を発揮する機会は訪れず、フィレンツェ国民軍はスペイン軍の軍事侵攻に抵抗することなくあっさり逃亡し、一五一二年、ソデリニ共和政政府は崩壊しメディチ家が復権することになる。こうしたフィレンツェの脆弱で混乱した政治体制、そしてマキャベリが共和政官吏として交渉した有能な政治家たちは、国家存続の危機に直面したときに何が必要なのかを瞬時に理解し、それを情け容赦なく実行しうる有徳な人物像をマキャベリに書かしめるのに十分な素材だったのである。

　マキャベリがプラトン・アリストテレスやシヴィック・ヒューマニズム（市民的人文主義 civic humanism）の思想家たちとは一線を画する新しい政治的著作を書いたのも、かれ自身がイタリア半島とフィレンツェを取り巻くこうした外患・内患を切羽詰まった状況と感じ、イタリアを防衛し外敵から解放するための新しい道筋を示す必要に迫られたからと言えよう。なぜなら、マキャベリによれば、人間は必要に迫られた切羽詰まった場合にその最大限の力量を発揮して行動するのだが、自分と同じようにイタリア防衛の必要を感じ、国家の統治術を適切に実践しうる読者にそうした力量を発揮してもらいたいと切望しているからである。「いったい人間の行動には必要に迫られてやる場合と、選択の結果による場合がある。そして、その行動が威力を発揮するのは、選択の結果による場合ではなく、むしろ切羽詰まった場合と考えられる」(『ディスコルシ』一巻一章)。こうしたマキャベリの意図は、「イタリアを防衛し外敵から解放せよとの勧告」という『君主論』二六章の題名からも明らかである。

それでは、イタリアを防衛する必要に迫られた有徳な政治家や市民はどのように自らの力量を発揮すればよいのだろうか。マキャベリは主に君主政を論じた『君主論 Il Principe』と共和政を論じた『ディスコルシ(ローマ史論) Discorsi sopra la prima deca di Tito Livio』とでそうした主題を論じている。順に見ていくことにしよう。

2 国家《スタート》と国家理性

はじめに、君主の力量が発揮されるべき舞台である君主政について考えてみよう。マキャベリが『君主論』において君主政を論じる際に使用する用語とは国家《スタート》(stato)である。「君主、特に新しい君主は、国家《スタート》を維持するためには、ときに信義に背き、慈悲心に背き、人間性に背き、宗教に背いて行動しなければならない」(『君主論』一八章)。

ここでマキャベリが国家という語を用いて自らの政治学を展開したことは、政治学や国家観の歴史的転換という意味で決定的な重要性を持つ。そもそもプラトンやアリストテレスを代表とする古代ギリシアの政治学においてその最大の目的は正義や最高善の実現であり、ギリシア都市国家を意味するポリスも、そうした目的を実現するための最大かつ最善の自然的共同体として市民に認識されていた。あらゆる共同体は善きものを実現するために形成されるが、ポリスこそは、討議や説得といった政治活動を通して、有徳で調和した生活という最高の善を市民――自然によって国政に従事し、徳に即した生活を送るがゆえに、かれらは政治的動物《ゾーン・ポリティコン》と呼ばれた――に保障する最大の共同体だったのである。もちろん、プラトンが論じたように、自分の私的な善の実現を図る為政者の出現によって善き国制が悪しき国制へと徐々に堕落していくこともありうるだろう。しかし為政者が全ての市民に利する共通善を追求し善き統治を行う限りは、国家は堕落や滅亡の憂き目を見ることなく安定して存続していくと考えられたのである。こうしたポリス的な国家観を、古代ローマの共和主義者たちやシヴィック・ヒューマニズムの思想家たちもキヴィタス（civitas：都市国家）や共和政体（republica）という観念を通じて継承していたと言ってよい。

ではこうした古代政治学の国家観と比較した場合、マキャベリが展開した国家の概念の新しさとは、いったいどのようなものだったのであろうか。そもそもstatoの語源であるラテン語のstatusは特定の個人・共同体の様々な状態を表す用語であり、君主の富や所有物といった私的な状態だけでなく、君主の地位や尊厳、政治権力、領土といった公的な状態も示す場合があった。そうしたstatusの多様な意味内容を継承して、マキャベリの国家の用例においても、国家には政体、私的・公的な政治権力、支配者、領土といった多様な意味が含まれている。なかでも注目すべきなのは、国家には、その統治権を握っている特定の個人・利益集団が行使する現実の政治権力という意味が含まれていることである。「逆に、君主たちが軍事力よりも優雅な趣味に心を向けるとき、国家を失ってきたのは明らかである」（『君主論』一四章）。マキャベリにとって国家とは、個々の君主が用いる力量や軍事力から離れて存在する中立的で非人格的な国家の権力装置ではなく、そうした君主が用いる様々な力の増減によって柔軟にその勢力が変容しうる主観的で人格的な権力装置である。佐々木毅や福田歓一が述べたように、マキャベリの国家には、国家や政体という通常の弱い意味に加えて、君主が自分の統治を維持・拡大するために用いる現実で剥き出しの権力という新しく強い意味が含まれている。

こうして君主が現実に行使する統治権・軍事力と安定した統治を論じる国家の論説とが国家の観念で結び付いたとき、マキャベリにおける政治学は、正義や最高善について論じる目的論的な政治学ではなく、いかに国家を統治し、保持すべきかといった国家の技術（arte dello stato）についての教説という形式を取らざるをえない。「ルーアン枢機卿は、イタリア人は戦争の仕方（arte）を理解していないと言ったので、私は、フランス人は国家の統治術（arte）を理解していない、と返答した」（『君主論』三章）。国家を維持・拡大するために統治者が用いる様々な統治術を総称して、国家理性（raison d'État）と呼ぶ。歴史学者のマイネッケによれば、マキャベリこそが、国家の維持をその最高目的とする国家理性の発見者であり、国家を維持するために何が必要なのか、また必要な場合に君主はいかなる力量を行使すべきか、といった国家の純粋に統治術的な側面を合理的な観点から論じた最初の政治理論家であった。国家理性こそが国家行動の基本原則、国家の運動法則なのであり、様々な外患・内患に直面している国家を維持・拡大するためには、古代政治学のように正義や最高善を論じて人々を正しい倫理的行動原則に従わせるだけでは不十分と考えられたのである。とりわけマキャベリは、正義や最高善を本来人間が追求すべき理想として教示し、人々に「いかに生きるべきか」といった正しい行動様式を単純に強いるだけの古代政治学の無力さや非現実性を批判して、次のように述べる。「多くの人々が、いままで現実に見たわけでも知っていたわけでもないのに、共和政や君主政のことを想像で論じてきた。しかし、いかに人がいま現実に生きているかということと、いかに人が生きるべきかということとの間には大きな隔たりがある。それゆえ、いかに人が生きるべきかということを重んずるあまりに、いかに人がいま現実に生きているかということを軽んずる者は、自らの存続よりもむしろ破滅を学んでいることになる」(『君主論』一五章)。なにより国家の存続という現実的結果を要求するマキャベリの国家理性は、そうした結果を実現するために必要とされる三つの技術、すなわち①被治者である臣民に対する君主の統治術、②外敵に対する策謀術、③国民軍に基づく軍事技術という三つの技術によって主に構成されている。第一に君主は、臣民に恐怖の感情を植えつけ、かれらが反乱を起こさないように統治しなければならない。第二に、策謀を駆使して外敵を排除し、自国の利益を最大限に追求しなければならない。第三に、君主とかれの力量を尊敬する一部の臣民を味方につけることによって、忠実で強力な国民軍を創設しなければならない。

3　運命と力量

では国家理性という統治術によって国家が合理的に運営されるべきなのだとしたら、具体的に君主はどのようにその統治術を実践すべきなのだろうか。ここで問題となるのが、運命(fortuna)と力量というマキャベリの二つの根本観念である。それらはマキャベリの著作の中でときに対立する傾向にあり、また国家や国家理性の観念と並んで、かれの国家観や人間観を理解するうえで最も重要な観念となっている。運命は、第一に、人間を取り巻き、逆らえないほどの絶対的な力を行使する外的・宿命的環境全般を示す。「この世の事柄は運命によって支配されているので、人間が自分たちの思慮によってこの世の行く末を修正することはできない。ましてやこれに何らかの対策など立てようもない」(『君主論』二五章)。第二に、運命は、時の流れや状況変化とともに急速に変転し、特定の人々に何らかの対抗措置をせまるような幸運ないし不運を示す。「全面的に運命に依存してしまう君主は、運命が変転すれば滅びてしまう。また私が考えるには、自分の行動の仕方を時勢に一致させた君主は幸

表1-1　古代政治学の国家観とマキャベリの国家観

	名　称	目　的	手　段
古代政治学	ポリス・キヴィタス	正義・最高善の実現	政治参加する市民の理性《ロゴス》的議論
マキャベリ	stato（国家＝状態）	国家の維持・拡大	為政者の力量の適切な発揮

運に恵まれて成功し、逆に、自分の行動が時勢にかみ合わなかった君主は不運にも失敗するのである」（『君主論』二五章）。一般的に人間は運命の絶対的宿命に身をまかせて無力にも押し流されるのであり、運命の鉾先が良い方向から悪い方向に変転しても、多くの人間は従来の態度や慣習、制度を改めることなく没落への道をたどってしまう、というのがマキャベリの運命観である。

これに対して、運命に受動的に身をまかせることなく能動的にそれに適応しようとする人間の能力、徳性、自由意志（libero arbitrio）が力量である。「運命がその威力を発揮するのは、人間の力量がそれに抵抗する力を持たなかった場所においてである」（『君主論』二五章）。マキャベリの人間観によれば、最高善や正義を理想として有徳な生活を送るアリストテレスの政治的動物やキケローの社会的動物という人間観とは対照的に、生まれつき人間は、野心や強欲といった多くの欲望を追求しようとする自然的本性を持っている。善を獲得し、悪を回避しようとして発揮する様々な能力が、人間の力量なのである。運命の宿命や変転に逆らって自分の欲望を実現するためには、人間は、何がいま必要であるかを判断し、またそうした必要が命じるままに、実践的な能力である力量を周りの状況に応じて使い分けねばならない。ここでマキャベリの人間観で展開される力量、運命、必要という用語が、国家理性や国家の観念の中で展開されるそれらの観念とアナロジカルな関係にあることは確かであろう。すなわち、人間が、自己の欲望を実現するために自分を取り巻く運命に適応ないし対抗し、必要に応じて様々な力量を発揮するように、君主は、自分の権力を維持・拡大するために国家を取り巻く運命に適応ないし対抗し、必要に応じて様々な力量を発揮しなければならない。

したがって国家理性に基づいた君主政の統治術とは、できる限り運命に依存しないような、必要に応じた君主個人の力量の使い分けという性格を持つ。まず新しい君主政の獲得の仕方であるが、力量によって自力で獲得したか、あるいは運命に頼って獲得したかによって、その体制の堅固さや存続しやすさが異なってくる。モーゼやキュロス、ロムルスのように自分の力量によって君主政を獲得した王は、わずかな好機を活かしただけであって運命に頼るところが少ない。それゆえ頼りになるのは自分の力量や軍事力のみなので、新しい秩序や法を創設し臣民に強制することには多大な困難が伴う。だがいったん国家が設立されてしまえば、敵対する勢力は既に駆逐されて存在しないのでより安定した政権運営が可能となり、国家自体は長い栄光や繁栄へと至ることができる。それに対して運命によって君主政を獲得した王は、先任者の好意や幸運によって国家を譲渡されただけであって、自分の力量に頼るところが少ない。それゆえ国家を譲渡された後に、たとえば味方を確保したり、敵対者を排除したり、臣民から愛され恐れられたりするために、多大な力量を発揮しなければならない局面が数多く現れ、国家の維持が難しくなるのである。

では君主政の統治における力量の実践の仕方についてはどうであろうか。前節の国家理性の三つの技術に即して考えてみよう。第一に臣民に対する君主の統治術についてだが、まず善良な君主ならば、気前の良さや慈悲深さ、信義の重視、人間らしさ、誠実さ、信心深さといった様々な有徳な気質を身に付けていなければならない。しかしマキャベリによれば、現実に生きている人間を看過して国家を維持しようとする君主ならば、場合によっては、吝嗇《けち》や冷酷、信義の軽視、非人間性、不誠実、不信心といった悪徳の汚名を着せられるのを躊躇してはならない。「しかし悪徳なくしては国家を救うことが困難である場合には、そういう悪徳にまつわる悪評を受けるのを恐れてはならない。なぜなら、全体的に熟考してみれば、美徳＝力量（virtù）と思われるものでも、それを行うと自分の破滅に通じることがあるからである。また悪徳と思われるものでも、それを行うと自分の安全と繁栄をもたらすことがあるからである」(『君主論』一五章)。君主は、臣民に愛されかつ恐れられるために、また臣民が君主を軽蔑・憎悪して反乱を企てたりしないように、必要に応じて吝嗇や冷酷といった悪徳に身を染めなければならない。たとえば、臣民に惜しみなく財を分け与える君主は、最初は気前が良い有徳な人物という評判が立つであろうが、やがて歳出過剰になって重税を課さざるをえなくなり、今度は逆に臣民から憎まれるようになってしまう。したがって臣民の反乱を未然に防ぎ、かれらから尊敬・恐怖されて国家を安定して維持するためには、君主は出費を抑えて吝嗇という悪徳の汚名を甘んじて受ける必要が出てくるのである。

第二に、外患に関わる外敵に対する策謀術についても、内患に関わる臣民の統治術と同様のことがいえる。一般的には君主は、対外的な条約や約束を忠実に履行し、信義を守る善き君主として人々から名声を得られるよう努めなければならない。しかし国家を維持・拡大して偉業を成し遂げるためには、君主は自国の利益を最優先に考え、自国に不利になる場合は信義を軽視して条約・約束を反故にしなければならない。こうして君主が対外交渉において臨機応変に信義の順守・破棄を使い分けねばならないことを、マキャベリは、狐と獅子という有名な比喩を用いて論じている。「したがって、君主は獣を上手に使いこなす必要がある以上、なかでも狐と獅子を範とすべきである。なぜなら、獅子は罠から身を守れず、狐は狼から身を守れないからである。したがって狐となって罠を見抜く必要があり、獅子となって狼を驚かす必要がある。……そこで慎重な人物は、信義の履行が危害をもたらす場合や、その約束をさせられたときの動機が失われた場合は、信義を守ることはできないし、また守るべきではない」(『君主論』一八章)。つまり君主は、自国の利益の最大化を計算する狐の狡猾さによって、場合によっては信義の履行を破棄し、外敵を欺かねばならない。

では外敵である狼を駆逐すべき獅子の力に関してはどうだろうか。それが、第三の国家理性の技術、すなわち国民軍に基づく軍事技術に関わってくる事柄である。国家を防衛する獅子の力は軍事力として表わされるが、マキャベリによれば、その手段は他国の援軍や傭兵軍に基づいてはならない。「傭兵軍に基づいた国家を持つ者は、堅固でも安全でもない。なぜならそれらの軍備は統一を欠き、野心的で、規律がなく、忠誠を欠き、味方の間では勇敢だが敵の前では臆病であり、神を恐れず人には不誠実だからである」（『君主論』一二章）。フィレンツェを初めとするイタリア諸国家が他国の侵略を受け続け、イタリア統一がいまだ成し遂げられていないのも、それらの国家が独自の軍隊を整えず、忠誠心のない脆弱な傭兵軍に頼りきりだからなのである。国家が外敵によって侵略・滅亡の危機に瀕したとき、唯一頼りになるのは忠誠心のある勇敢な市民から構成された国民軍（armi proprie）の軍事力であり、君主は、自分自身の力量を発揮することで国民軍の尊敬と支持を獲得し、国家を取り巻く外敵に対抗しなければならない。「自己の軍備を持たなければ、いかなる君主政も安泰ではない。むしろ逆境のさいに自信をもって国家を防衛する力＝力量（virtù）がないので、全てにおいて運命に委ねることになってしまう」（『君主論』一三章）。

このようにマキャベリにおける国家理性の統治術とは、運命の変転に応じた個々の君主による様々な力量の発揮という形式をとる。自国を取り巻く運命の変化に対応し、それらを味方につけて国家を維持・拡大しようとする君主の力量の実践の仕方を、マキャベリは次のような比喩を用いて要約している。「人は、慎重であるよりは果敢である方がよい。なぜなら、運命は女だからである。彼女を組み伏せようとするならば、彼女を叩いてでも自分のものにする必要がある。周知のように、冷静に行動する者たちよりも、むしろこういう者たちの方に、彼女は身を任せるのだ」（『君主論』二五章）。

4　共和政体と共和主義

マキャベリの君主政が、国家理性の統治術に基づく君主の力量の適切な発揮というかたちで運営されるべきだとしたら、かれの共和政の観念はいかなる論理に基づいているのだろうか。これは、マキャベリが理想とした政体は君主政なのか、それとも共和政なのか、という長年議論されてきた問題とも関係してくる。共和主義の歴史を研究するポーコックやスキナーによれば、マキャベリが『ディスコルシ』や『フィレンツェ史』で展開した自由や共和政の観念は、ダンテやブルーニなどローマ共和政や市民的自由を賛美するシヴィック・ヒューマニズムの共和主義者たちの影響を受けており、マキャベリの著作は、言わばかれらの著作を批判的に継承したものと位置付けられる。たとえばアリストテレスの影響を多大に受けたブルーニによれば、カエサルやローマ皇帝が構築したローマ帝政は市民の徳性や自由の発現を抑圧する政治体制であり、国家は本来、市民が行政官の選出や法の制定などに積極的に政治参加する共和政体において初めて繁栄することができるのであった。ここで問題となるのは、マキャベリの共和政体の観念がどの程度シヴィック・ヒューマニズムの理論家たちの影響を受け、それが賛美されたのか、また共和主義的な著作を国家や国家理性の観念を中心に論じた『君主論』と比較した場合、両者にどの程度論理的整合性が見出されるのか、という点であろう。

だが最初にわれわれが注意すべきは、ルソーやモンテスキューなど初期近代の啓蒙政治思想家とは違って、マキャベリが、君主政と共和政どちらが優れた政体なのかを最終的に結論付けようとはしていないことである。もちろん君主政ないし共和政に適した人民がそれぞれ存在しうるし、また君主政とは異なり共和政は市民が政治参加する積極的自由に基礎付けられねばならないだろう。しかし国家を整然と統治し、忠誠心のある国民軍を編成し、外敵との戦争に勝利し、最終的に国土を維持・拡大するという国家理性の運動法則は、マキャベリの著作において一貫して尊重されているように見える。より重要なのは、君主政か共和政かといった国家の統治形式ではなく、国家統治の内容や経験、技術である。そうしたことは、『ディスコルシ』で君主政と共和政の統治術に関する事柄が頻繁に並列的に論じられていることからも理解できる。「今日の君主国や共和国のなかで、国防に関わる事柄が生じたときに、自国民から成る軍隊を用いていない国は、深く恥じなければならない」(『ディスコルシ』一巻二一章)。

もちろんマキャベリも、古代ローマの共和主義者やシヴィック・ヒューマニズムの思想家のように、王・貴族・人民の三者の調和から成る混合政体や護民官の創設といった共和政の諸制度を称賛している。しかしかれの共和政体の観念で最も重要なテーマに、いかにローマ共和政が良き法律を創りえたか、またいかに良き法律を創りうる立法者(ordinatori di leggi)に恵まれていたのか、というものがある。これは、『君主論』でその議論を省略され、『ディスコルシ』その他で論じられた良き法律と立法者のテーマである。「全ての国家の基本的な土台となるのは、良き法律と良き軍備である。良き軍備のないところに良き法律はありえず、良き軍備があるところには必ず良き法律がある」(『君主論』一二章)。古代ローマや共和政体が偉大な栄光へとたどり着くためには良き法律と偉大な立法者が必要不可欠であり、国家の国家理性の観念と共和政体の共和主義の観念が交錯するのは、この点である。

まず共和政であれ君主政であれ、新しく都市や国家を建設するためには、モーゼやロムルスのようなたぐいまれな力量を持ち備えた国家の創設者が、独力でそれを実行しなければならない。そうした創設者が力量を発揮する舞台は、国家の場所の選定と法律の整備においてである。かれらは絶対的な権威と軍事力を背景にして、また私欲を満たすためではなく社会全体の利益のために、議会や法の制定手続きなど国政の基本的な枠組みを決定する偉大な立法者となるのである。「国家を建設するのには独裁者に任せることが必要になる」(『ディスコルシ』一巻九章)。古代ローマの場合には、まず力量を持ったロムルスが偉大な立法者として君主政に適した様々な良き法律を制定した。しかしやがて初期の良き法律が市民的自由と相いれなくなり、貴族と人民が対立するようになった。この両者の内紛や対立は偉大な立法者の代わりとなって古代ローマ共和政の様々な政治制度を改革する方向に作用し、最終的には執政官と元老院、護民官から成る混合政体、すなわち君主政・貴族政・民主政の三つの要素が相互に均衡・調和する完璧な共和政秩序が成立したのだった。偉大な立法者とそれによって制定された良き法律こそが、古代ローマ共和政の力量と威光を持続させる要因となったのである。

こうした偉大な立法者と良き法律の存在の強調は、マキャベリの共和主義的な著作とシヴィック・ヒューマニズムの著作との差異を示す特徴の一つである。特にそれが古代ローマ共和政の中興期の内容、つまり幾人もの有徳な人物による様々な良き法律の制定・改正に関わるとき、その差異はより明確になる。ポーコックは、他の共和主義者たちと異なるマキャベリ特有の仮説として、①貴族と人民の内紛・対立が、古代ローマ共和政の自由や安定の要因となったこと、②古代ローマ共和政の勢力拡大は、人民への軍事力の付与と市民権の拡大によって引き起こされたこと、という二点を挙げている。マキャベリが記述する古代ローマ共和政の歴史に鑑みれば、貴族と人民の対立をきっかけに多くの良き法律が制定され、市民的自由が制度的に保障されることになった。またそれに伴って人民に軍事力と政治権力が与えられたことは外敵からの防衛や国家拡張に好都合であり、共和政体を維持・拡大させる大きな契機となった。「それゆえ新たに国家を建設しようとする者は、その国家をローマのように広大な領土と無限の国家権力へと拡大すべきか、あるいは狭い領土にその版図を抑えるべきかを、まず検討すべきであろう。……国家を建設するのにはローマの組織を模範とすべきである」（『ディスコルシ』一巻六章）。

ではマキャベリは、共和政体の腐敗や堕落を防ぎ、創設期だけでなく中興期においても永続的にその勢力を維持・拡大していくために何が必要と考えたのだろうか。それは、『ディスコルシ』の一巻一八章で論じられたように、第一に、優れた力量を持つ市民が投票や信任によって人々の中から選出され、偉大な立法者として行政官の政務につくことである。また第二に、そうした市民が民会において法律の提案や意見表明、討論を活発に行って、良き法律の制定に寄与することである。つまりマキャベリは、一人一人の市民に、力量を十全に発揮して共和政体の維持・拡大を追求する国家の保持者たれと訴えているのである。当然ながら、国家の事例と同様に共和政体を外敵から防衛するためには、外国の援軍や傭兵軍に頼ってはならず、共和政体の市民が国民軍を形成し国家を防衛しなければならない。

要約すれば、マキャベリの共和政体の理論は、個々の為政者の私的利益の追求や悪徳の推奨という意味を弱めたかたちで、国家の国家理性の論理を継承しているといえる。そこで市民は偉大な立法者として良き法律を制定し、軍役に就いて外敵を打ち破らなければならないのであって、マキャベリは、国家を維持・拡大するために君主が発揮するのと同様の力量を、共和政体という一つの国家を維持・拡大するために発揮することを市民に求めているのである。

5 マキャベリの政治思想史的意義——近代政治学の萌芽として

最後に、近代政治学の成立という観点からマキャベリの政治思想史的意義について簡潔に述べておきたい。プラトン・アリストテレスの古代政治学やシヴィック・ヒューマニズムの理論家たちの政治的著作と比較してみると、正義や最高善の否定、政治的動物の人間観の排除、必要に応じた悪徳の肯定、国家理性の統治術といったマキャベリの政治学の諸要素は、かれの政治学の近代性を示す著しい特徴であることは確かであろう。

マキャベリにおけるこうした国家観・人間観の近代的転換は、力量ある偉大な人間たちが織りなす過去の経験と歴史、特に過去の栄光ある王政・古代ローマ共和政のそれに基礎付けられている。「人間はつねに他の人びとが歩んだ道をたどるものであり、かれら先人の行為を模倣しながら進む。だが先人の道を完全にたどることはできないし、模倣しようとする人物たちの力量まで達することもできない。したがって賢明な人間はつねに偉大な人物たちが歩んだ道をたどり、並はずれたかれらの模倣に徹すべきである。たとえ自分の力量がかれらに及ばなくても、せめてかれらの高貴な残り香を身にまとうために」（『君主論』六章）。

しかし過去の偉大な人物・国家の英雄譚の模倣が国家を維持・拡大する現実の力として機能するためには、個々の君主・市民の場当たり的で個人的な力量の発揮に頼るしかない。経験や歴史といった非科学的な模倣を排除し、全ての人々に普遍的に妥当し、必然的に国家・人民を平和と安定に至らせる純粋に科学的な近代政治学が成立するには、自然状態から国家へと至る仮説的言説の内部に全ての現実の政治的事象を集束させるホッブズの政治学を待たねばならない。

〔文 献〕

ニッコロ・マキャベリ『マキァヴェッリ全集（全六巻＋補巻）』（筑摩書房、一九九八–二〇〇二年）
ニッコロ・マキャベリ／河島英昭訳『君主論』（岩波文庫、一九九八年）
フリードリッヒ・マイネッケ／岸田達也訳『近代史における国家理性の理念（世界の名著65）』（中央公論社、一九八〇年）
J・G・A・ポーコック／田中秀夫・奥田敬・森岡邦泰訳『マキァヴェリアン・モーメント―フィレンツェの政治思想と大西洋圏の共和主義の伝統』（名古屋大学出版会、二〇〇八年）
クェンティン・スキナー／塚田富治訳『マキアヴェッリ―自由の哲学者』（未來社、一九九一年）
厚見恵一郎『マキァヴェッリの拡大的共和国―近代の必然性と「歴史解釈の政治学」』（木鐸社、二〇〇七年）
佐々木毅『マキアヴェッリの政治思想』（岩波書店、一九七〇年）
福田歓一『政治学史』（東京大学出版会、一九八五年）
藤原保信『藤原保信著作集3　西洋政治理論史（上）』（新評論、二〇〇五年）

第2章 ホッブズ

■なぜ人々は国家を形成するのか

【キーワード】 自然状態、自然権、自然法、社会契約、コモンウェルス、主権者

1 ホッブズの思想の特徴

トマス・ホッブズ（Thomas Hobbes 一五八八－一六七九年）の思想の近代性は、人間が有する基本的な権利を基に、法の支配する主権理論を構築したところにある。

ホッブズが活躍した時代、ヨーロッパ大陸では三十年戦争が勃発し、宗教的対立を名目とした戦争がヨーロッパ諸国を疲弊させていた。イングランドもまた、宗教問題に端を発したピューリタン革命から、王政復古を経て、やがて名誉革命へと至る、長い内乱期のただ中にあった。一六四九年にはオリバー・クロムウェルによって国王チャールズ一世が処刑され、その後もアイルランドやスコットランド侵略に伴う住民虐殺が続いた。また王政復古後には国教会派がピューリタンを弾圧するなどといったように、いつ何時、どんな理由で自分に危害が加えられたり、処刑されるとも限らない、非常に緊迫した時代だった。伝統的な道徳や慣習は否定され、普遍的な正義や正しさといった価値に疑問を呈す懐疑論が吹き荒れていた。

そうした状況の中でホッブズは、伝統的なスコラ哲学や古い学説に依拠することなく、自らの思想体系を一か

ら構築していく決心をする。そして事実問題ではなく、理性による推論の結果として、人々の生命を保護するために強力な主権が必要であることを主張するのだ。たとえばジャン・ボダン（一五三〇―一五九六年）は、現に存在する絶対王制を、神から与えられた権利であることにより正当化した（王権神授説）。しかしホッブズは、国家を構成する人間に着目し、人間を科学的に観察したうえで、人間の生存を保護するために国家が必要であることを、必然的に帰結する。つまり国家は目的ではなく、手段として必要なのだ。確かに国家が設立された後には、主権者に絶対的な権力が保持される。けれども主権者の絶対的権力は、人民の生命と生活を保護するために必然的に必要となる力なのだ。

トマス・ホッブズ

ホッブズの思想の特徴は数学に範を得たその思考方法にある。まず前提となる概念（例えば「権利」や「自由」）を定義したうえで、その概念を含む命題を基に推論を行い、真理が必然として導き出される。前提と推論の方法が正しければ、その帰結も当然正しいものとなる。この方法を使ってホッブズが国家について論じる際には、人間は本性的に平等であると前提したうえで、人々が自らの生命の保護と引き替えに他の人々と契約し、絶対的な主権者を代表に戴く国家を設立することを、推論によって帰結するのである。

従来の伝統や権威にとらわれないホッブズのこうした議論は、自己決定に基づいて主権に服従することを選択する、近代的な個人を中心とした初めての国家論といえる。

2　ホッブズの人間観

ホッブズの国家論を基礎付けるのは、人間の能力の平等性にある。

ホッブズは国家を説明するにあたって、まずその「素材」である人間に着目し、人間を物体の運動という観点から理解する。たとえばアリストテレスのように、人間を本性的に国家（ポリス）的である（がために人間は本性的に社会を形成する）とも、あるいは王権神授説のように国家を所与のものと前提することもしない。人間をありのままに解剖学的に観察し、まずその生きている状態を心臓や筋肉の運動によって説明する。続いて、人間の情念や意志についても同様に、運動力学によって記述するのだ（たとえば「〈愛している〉とは人があるものを欲求（あるものに引きつけられる運動）していること」（『リヴァイアサン』第六章）といった具合に）。

こうして人間を運動力学で説明することによって、全ての人間の身体的、精神的能力が平等であることが示される。なぜなら個々人の能力差は生まれ持った素材の違いではなく、これまでの運動による経験（学習や鍛錬）の違いによってもたらされるからである。特に精神的能力は生得的能力ではないために、平等であることは明らかである。またたとえ身体能力に違いがあろうとも、肉体的に力が劣っている人は知能を駆使して、あるいは仲間と共謀することによって、そうした違いを補うことができるだろう（『リヴァイアサン』第一三章）。

こう述べても、人間の平等を信じない人がいるかもしれない。しかし精神的能力を例に取ってみても、たいていの人は自分よりも知力が優れた人が存在することは認めても、自分と同じ程度に賢い人がたくさんいることは認めることができず、自分が一般大衆よりも多くの知恵があるとうぬぼれているだけである（『リヴァイアサン』第一三章）、と人間を観察する。そして皆が同じように考え、かつ各人が自分に与えられた能力に満足しているということこそが、人々が平等であることの証とするのだ。

このように人間に対する自然学的定義に、ホッブズ自身による人間観察が加わることによって、彼の議論は単なる机上の空論に陥ることが避けられる。人間個々人が平等であるのは、理論的に自明であり、かつ現実的な事実でもあるのだ。アリストテレスが人間の本性から、人々の不平等を正当化した（アリストテレス『政治学』）のとは逆に、ホッブズは人間が本性的に平等であることから出発する。この人間観は最終的に、法の下での平等を用意することとなるだろう。

そして人々の能力が同等であることから、ある特定の人間が他を圧倒する権力や権利を優先的に持つことが否定される。全ての人間は能力が平等であるために、その人が優越する理由がないからである。

ではそうした人間が寄り集まると、どうなるのだろうか。先述したようにホッブズは、アリストテレスのように人間を本性的に国家（ポリス）的動物であるとは前提しないため、人間がただ集まっただけでは国家は形成されないと考える。しかしわれわれは現に社会を形成し、国家に従っている。こうした国家はどのように形成されたというのだろうか。この疑問に答えるべくホッブズは、国家や法が存在しない「自然状態」という理論仮説を用いて推論を行うのである。

3 もし国家がなかったとしたならば

もし国家や法がなかったとしたならば、人々はどのように振る舞うのだろうか。ホッブズは自然状態、すなわち国家や法が存在しない状況を仮定したうえで、本性上平等である人間が、平等であるがゆえに戦争状態に陥ると帰結する。「全くの自然状態、すなわち完全なる自由の状態は、およそ主権者も人民もない状態であり、それは無政府状態であり、戦争状態である」（『リヴァイアサン』第三一章）。

　自然状態では人々の行為を制限する障害＝法がないので、人々はどのようにも行為する自由がある。また法や取り決めがない状態では、人々の私的所有権も確定していない。ホッブズによれば所有権とは自然に存在するのではなく、人々の合意に由来するものだからである。すると、ある人が他人のものを奪おうとしてもその行動は制限されることがなく、かつその行動が犯罪となることもない。なぜならある行為が犯罪となるためには、その行為を禁じ、制限する法が、あらかじめ定められている必要があるからだ（『リヴァイアサン』第二七章）。しかし法がない自然状態では、自分の生命を守るために、人々はあらゆるものに対して、たとえそれが他人の身体であろうとも、それを思いのままに扱う自由があり、権利がある（『リヴァイアサン』第一四章）。これがホッブズのいう「自然権」である。「自然権とは、各人が自分自身の自然、すなわち生命を保護するために、自らの力を自らが欲するように用いることができるような各人の自由のことである。したがってそれは、自分自身の判断と理性において、自分が最も適切な手段であると考えることを何でも行う自由である」（『リヴァイアサン』第一四章）。

　では、あらゆるものに対する権利を有する二人の人が、同じものを欲求したとしたらどうなるだろうか。たとえば池にいる一〇匹の魚を、二人の人が同時に必要としたとする。一人の人のお腹を満たすには二匹で十分かもしれない。しかし一方の人が「自分には一〇匹必要だ」と判断したならば、一〇匹分の魚を捕らえる権利が存在する。お互いが同じように考えれば、お互いの欲求は拮抗しぶつかり合うことになる。そして二人とも能力が平等なので、どちらが池の魚を占有するかを決定するためには、相手を服従させるか、滅ぼすしか道はない。たとえ実際に侵害されることがなくても、その危険性が常に存在するような状況は、各人が各人に対する戦争状態にあるといえる。

　こうした戦争状態はものを奪い合うときだけではなく、絶対的な善悪の基準がないことによっても生じる。ホッブズにとって善悪とは対象の側にあるのではなく、判断する側、しかも個々人の選好に依存している。人間の好み、および欲求の対象が何であろうとも、その人にとっては自分が欲求するものこそが善であり、また憎悪、嫌悪の対象となるものが悪と呼ばれる（『リヴァイアサン』第六章）。そこで自分が善いと思っていることと、他の人間とのそれが一致しない場合、自分にとっての善を他の人間も受け入れることを望み、結果として戦争状態になってしまうのである（『市民論』第一章五節）。

更に自分が評価されたいという情念が、争いを生むこともある。人間は誰しも他人から、自分が下す自己評価と同じくらいの評価を得たいと期待しているものである。しかし期待はずれの過小評価や軽蔑が示されると、その侮蔑者に危害を加えてでも、それ以上の評価を得ようとする。こうした自負の情念が争いを生むこととなる（『リヴァイアサン』第一三章）。

結局、自然状態において人間は、全く自由に行動できるとしても、その生活は惨めなものとなる。食べるために作物を作っても、それをいつ他人に奪われるとも限らず、また自分のものになる保証もないため、生産活動は行われず、絶えず他者から侵略される恐怖にさいなまれることになる。自然状態での人間の生活は自由を謳歌するどころか、孤独で貧しく、汚らしく、残忍で、短いものとなる（『リヴァイアサン』第一三章）。どうしたら人々はこうした不幸な状態から抜け出ることが可能なのだろうか。

4　平和のために放棄されるもの

人々がこの絶えざる死の恐怖から逃れ、平和を達成するには、二つの契機がある。一つが死の恐怖から逃れ、快適な生活を求めたい、といった情念であり、もう一つが、理性が示す平和のための戒律、すなわち「自然法」

である。「情念」と「理性」によって、個々人が有する自然権を放棄すべきことが帰結されるのである。

人間が死を避け、自分の生命を守りたいと思うのは自然な欲求であり、平和を達成して快適に生活したいと欲求するのも当然である。だがそれだけでは、人々が全員平和を欲求するとは限らない。自分は他の人より力があるとうぬぼれて、なんでも許される自然状態を望む人がいるかもしれない。しかし結局のところ人間の能力は平等なので、平和を求め、それを達成しなければ、人々はいつまでたっても悲惨な戦争状態のままである。

そこで、全ての人が平和な状態を希求するよう、理性によって命じられる必要がある。平和の希求が理性による判断であるならば、理性をもった人間であれば誰もが、自然状態よりも平和の状態を好む＝善であることが必然的に理解される。そして善であるものを求めないのは非合理的であるため、合理的な人間であれば善を選択することが必然となる。よって、平和な状態の希求が理性によって判断されなければならないのだ。

ホッブズによればこの「平和を希求する」ことこそが、理性の法則である自然法の基礎となる。自然法とは、「理性によって発見される戒律または一般法則」であり、「平和を求め、それに従え」（『リヴァイアサン』第一四章）という命令が、自然法の第一の法則となる。平和を求める欲求が理性によって善であると判断されることによって、それがあらゆる人々にとって希求すべき対象となるのだ。

では平和を達成するためにはどうしたらいいのだろうか。それは、戦争状態を引き起こす原因を調べれば明解である。戦争状態を引き起こす原因は結局のところ、法がない状況下においても人々が有する、あらゆることをする権利、すなわち自然権が拮抗することにあった。ならば平和を達成するためには、人々が有する自然権が放棄されればいいのである。これが自然法の第二法則である「自然権を放棄せよ」という命令である。こうして第一法則「平和を求め、それに従え」が理解されると、「自然権を放棄せよ」という第二法則も必然的に善と理解される。

図2-1　ホッブズの社会契約

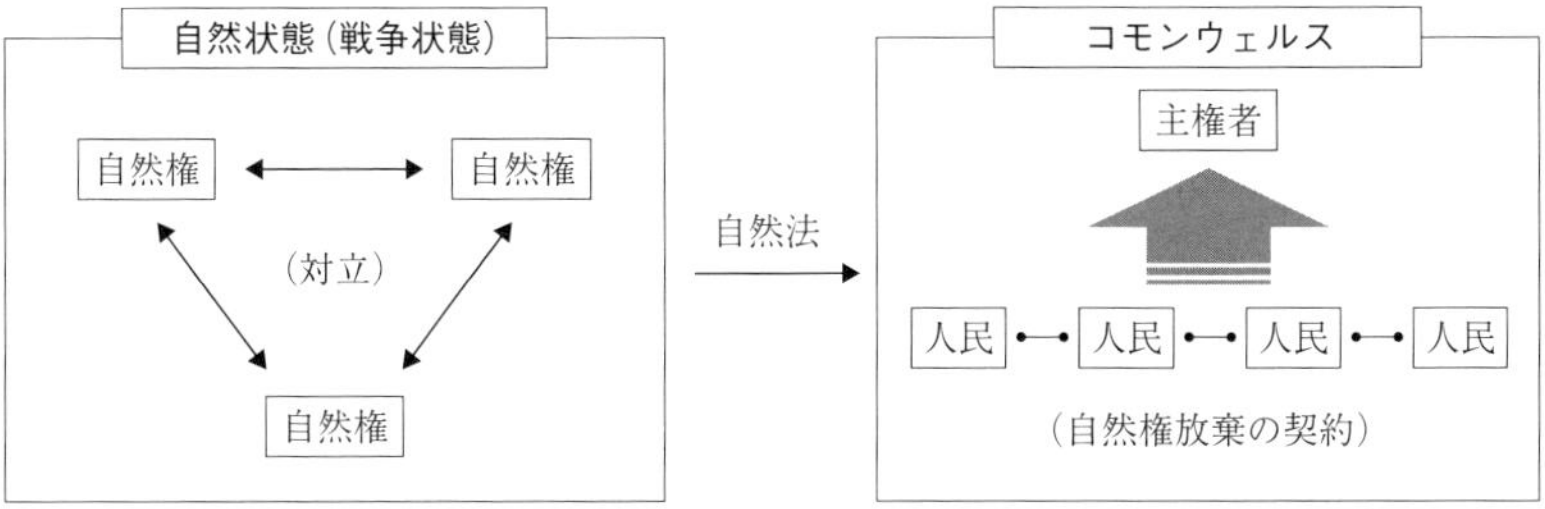

だが自然権の放棄が善であると理解されても、個々人がそれぞれ勝手に放棄しただけでは、平和は達成されない。自分だけが先に自然権を放棄して、他の人が放棄しなければ、他の人には何をしてもいい権利が残され、またしても自分の生命は危険にさらされるからである。それは平和ではないし、第一そうした行為は理性的でもない。また人はしばしば、平和が善であると理解はしていても、自負心から闘争を続けてしまうことがある。

そこで、平和を達成するためには、全ての人が自らの自然権を放棄するとお互いに契約し、その契約に従わなければならないことが、更に必然的に導き出される。これが第三の自然法である「結ばれた契約は履行すべき」である。人々は平和のために自然権を放棄する、という契約をお互いに履行しなければならないことを、理性によって理解するのである。

しかしここまで来ても、人々がこの自然法に従わなければならない義務は存在しない。自然法の内容は、理性を有する人であれば容易に理解できる、自己保存のための結論であり、定理ではあるかもしれないが、それに必ず従わなければならない義務はない。なぜなら法に従う義務が生じるには、その法が権威によって命令を発する人の言葉でなければならず、更にその法に従わせる力がなければ、ただの言葉にすぎないからだ（『リヴァイアサン』第一五章）。

ではどうしたらいいのだろうか。それには、法に従うという契約を履行させ、勝手に契約を破棄すればひどい処罰を与えるような、強制力が必要となる。それが人々にとっての共通善であるコモンウェルス＝国家である。人々がお互いに、自らの自然権を放棄すると契約し、その契約に従うよう義務付けられる、すなわち自然法に従うべく義務付けられるのは、コモンウェルスという強制力の存在によって初めて可能となるのである。

5 なぜ主権者に従うのか？

われわれはなぜ自然権を放棄し、主権者に従わなければならないのだろうか。それは自らの生命を守り、快適な生活を送るためである。人々は平和を獲得する希望がある場合には、自らの自然権の大部分を主権者に譲渡しなければならない。

自然状態＝戦争状態から脱出し、平和を達成するためには、法を遵守させる強制力である、公共的な権力が必要となる。この公共的な権力が確立するためには、「人々の力と強さを一人の人間、あるいは一合議体に譲り渡し、人々の多様な意志を多数決によって一つの意志に縮減させる」（『リヴァイアサン』第一七章）ことが、唯一の方法となる。つまり自分の生命保護と快適な生活を可能にするため、あらゆる人々の自然権を、一人の人間、あるいは一合議体に譲渡することを、人々がお互いに契約する（「社会契約」）。そしてその人間、あるいは合議体が、人々の平和と安全のために行うことは全て、自分たちの行為であると認めるのである。そうすれば全ての人が一つの人格に結合されることとなり、意見が対立することもなくなる。この集合体がコモンウェルスであり、人々の人格を自らのものとして担うものこそが「主権者」なのである。

「コモンウェルスとは一つの人格（Person）であり、その行為は人々の相互契約によって、人々自身がその人格の本人となる。その目的は、コモンウェルスが人々の平和と共同防衛のために、適切と思われる範囲で、人々の強さや手段を用いることができることにある。そして、この人格を保持するものが主権者と呼ばれ、主権を有するとされる。そしてそれ以外の全ての人は彼の人民である」（『リヴァイアサン』第一七章）。

ここで重要となるのが「人格」という概念である。「人格とはその言葉や行為が彼自身のものとみなされる人のことか、もしくは真であれ擬制的であれ、それが帰属する他の人や他のものの行為や言葉を代理している人のことである」（『リヴァイアサン』第一六章）。ある人の行為や発言がその人自身のものとして行われる場合、行為と人格は一致している。だが他の人の代わりに、まるで他人の仮面をかぶって行為や発言をする場合には、その人は行為の主体とはなれず、擬制的な人格となる。つまりホッブズにとって、人格とは後のカントによって代表されるような倫理的な行為主体のことではなく、あくまで言葉や行為の所有者にすぎない。だからこそ他人が本人の行為を代わって遂行できる人格を有することができるのだ。

この「人格」を介在させることによって、人々の意志や欲求を一人の人間、あるいは一合議体が代理して行うことが可能になる。こうしてここに、一つの人格に統合された、コモンウェルス＝共通善としての国家が設立する。その人格を担うものがすなわち主権者であり、主権者以外の人々は全て臣民（Subject）なのである。

この主権者には絶対的な権力が所属している。主権者は官吏の任命権があり、裁判権を有し、また人々に代わって国防にあたるため、開戦・講和の決定権を有する。人民は統治の形態を変更したり、主権者の行為を不正であると抗議したり、社会契約を解消することはできない。無制限の権力を手中に収めた主権者がたとえ自分勝手に統治をしたとしても、戦争状態に戻るよりは遙かにましである、と人民の自由は制限されるのである（『リヴァイアサン』第一八章）。

こうしてホッブズは、絶対的な主権者に従う義務を二重三重に積み上げていく。一つは契約それ自体であり、もう一つは人格を介在させた代理制が、人民を義務付けるのである。

契約は、契約したことによって人々を義務付ける。人々は自分の生命を守るために、自然法の第一法則「平和を求めよ」を受け入れ、第二法則である「自然権を放棄せよ」に従ったように、「契約は履行すべき」という第三法則にも従うことに同意する。契約に従うことに同意したということは、契約を履行する義務に同意したことになる。よって主権者との間で平和を達成するために自然権を放棄し、代わりに生命の保護と所有権を保証される契約を結んだ人民は、その契約に従うこと＝主権者に従うことが義務付けられるのである。

更に先述したように、主権者は、人民の代わりに行為する権威を与えられた「擬制的人格」である。人々は自分の生存を守るために、自然権のほとんどを放棄し、主権者が自分の代わりに権利を行使することに同意した。それは主権者が何を行っても、そのように行為する権威を主権者に与えたということになる。「コモンウェルスの設立によって、全個人は主権者の行為全ての本人となる。よって、主権者から侵害されたと不平を言う人は、自分自身が本人である行為に不平を言っていることになる」（『リヴァイアサン』第一八章）。自分でしようと意志したことは、するべきである。しかるに、主権者の行為に従うことが義務となるのである。

もちろんこうした説明は、現実には虚構である。主権者は人民の代表であることで、絶対的な権威を有し、人々の意見が受け入れられることはないだろう。しかし「現実の内乱に伴う悲惨さや災害」と比べてみれば、何であれ絶対的な権威をもつ主権者に従うべきなのである。

そして誤ってはならないのは、絶対的な主権であっても、人々の生命を脅かすことはできないということである。なぜなら国家を設立し主権者を制定した目的はまさに、自らの生存を保護するためだからである。だからたとえ主権者が正当な理由で死刑を宣告したり、人々の身体を自ら害するような命令を発したとしても、人民はそれに従う必要はない（『リヴァイアサン』第二一章）。正確にいえばその命令に従う義務は当然ながら残されるのだが、なによりもまず優先されるのは個々人の生存なのである。

主権者は、人々が自然権を放棄したことで絶対的な権利を独占的に有する代わりに、人々の生命や生活を保護しなければならない義務を負うのである。

6　コモンウェルスが保証するもの

コモンウェルス（国家）が保証するものは各個人の生命と所有権である。その目的を達成するために、法が制定される。

人々が自然権を放棄し、国家の設立に同意する契約の目的は第一に、自分の生命の保護であった。よって国家＝主権者が人々に保証するのも、第一に各個人の生命である。「主権者の職務とは、彼が主権を信託された目的である人々の安全の獲得にある。主権者はそれを自然法によって義務付けられ、また自然法の作者である神に対してだけ説明を行う。しかしここでいう安全とは、単なる生命保護だけでなく、全ての人が、コモンウェルスに危害を与えない限り、合法的な労働によって、生活に必要な全ての満足を自身に獲得することを意味する」（『リヴァイアサン』第三〇章）。

主権者は契約に従って、人々の生命と安全を確保しなければならない。そしてその職務は神の法である自然法によって義務付けられる。主権者の行為は市民法によっては制限されないが、ただ自然法には制限される。なぜなら自然法は理性によって理解される法であると同時に、神の権威によって従うべく義務付けられる法でもあるため、主権者は自然法に従わなければならないのだ。よって主権者は恣意的に人民の土地や命を奪ったりしてはならない。また単に人々の生命の保護だけでなく、人々が勤労によって生活上の満足を得ることをも確保しなければならない。つまり現代的な言い方をすれば、生活の質（ＱＯＬ）をも、国家は保証しなければならないのだ。

そしてコモンウェルスの栄養である土地や農産物、つまり所有権が各人に再配分される。自然状態では人々の所有権は確定しておらず、また自然権の放棄によって、人民のあらゆるものに対する権利は一端完全に消滅する。そしてコモンウェルスが設立され、主権者が所有権を確定する市民法を制定すると、ここで初めて、所有権が発生する。所有権がどのように配分されるかについては、主権者が決めることであり、彼自身が公平と共同利益という見地から適当と判断したことに、人々は従わなければならない。確かに主権者が自分勝手に配分することがあるかもしれないが、やがてそうした行為は人民間の争いを生み、平和と安全を損なうことになる。結果として自然法に反するため、主権者の恣意的配分は制限されるのだ（『リヴァイアサン』第二四章）。

こうしてコモンウェルスが設立され、人々の権利が一つの人格に集約されることによって、人民の生命が保護されることが確約され、再度争いが起こらないように所有権が確定される。そして争いを未然に防ぎ、あるいは争いを調停するために市民法が制定される。

市民法の制定に際しても、主権者が絶対的な権威を持ち、人民は主権者が制定した法に従わなければならない。なぜなら市民法は主権者が制定したことによって、法としての正当性を持ち、従うべき義務が生じるからである。主権者の制定した法が、コモンウェルスにおける唯一の法である。しかしここでもまた、自然法が主権者の行為を制限する。恣意的で、特定の誰かに不利益が生じるような法は、自然法に反するとして、その制定が制限されるのである。

自然権や自然法といった概念は何もホッブズが初めて提示したわけではない。それどころか両方とも、ギリシアの時代にまでさかのぼることのできる、古い概念である。しかしホッブズは、自然権を主張する際に、倫理的義務を前提としたりせず、人間が存在するだけで有する権利と解する。また自然法を、国家に超越する普遍的な倫理規範とすることもなかった。自然法を国家に超越させれば、現行法を「自然法に反している」と否定することが可能になるからである。もしその回路を認めてしまったら最後、結局国家が解体し、また人々は戦争状態に逆戻りになってしまう。そこでホッブズは、市民法が自然法を内包していると、どちらをも超越させないことで、国家解体の危険性を巧みに回避するのである。

このようにホッブズの国家論における主権者は、自由に法を制定する権威を絶対的に有してはいるが、それは絶えず自然法の制限を受けることとなる。

この主権者は、たとえばマキャベリが描いて見せたような、卓越した能力を持つエリートではない。むしろ自然法に束縛され、人々の生命と所有権を守るために法を制定する、まさに機械の一部品のようである。平和のために絶対的主権者が必要とされるが、その人物は人々との契約を実際に遂行できる人物、あるいは組織であれば、誰であってもいいかのようである。主権者の正当性は本人の社会的、倫理的優越性ではなく、契約した人々の人格を担うために任命された、という一点にある。これがホッブズにおける主権者なのである。

ホッブズの描く主権者がある種の絶対性をもっているとするならば、それは対人民というよりも、領土内の他の組織、特に政治団体と教会に対して発揮される。先述したようにホッブズの活躍した時代、宗教的・政治的な対立が国家を内乱状態に貶め、人々の生命をまさに脅かしていた。こうした現実を反映してか、他の政治権力や教会の権力と、主権者の権力が対立し、統治が混乱する状況を回避するために、ホッブズは「主権者の絶対性」を主張するのである。

たとえば教会は、確かに神の王国の代理人かもしれないが、神の王国はこの世のものではない。しかるに教会や聖職者は、現実の世界の主権者に服従を要求できるどころか、政治的主権者に従わなければならない（『リヴァイアサン』第四二章）。つまり教会権力よりも主権者の権力の方が、絶対的に優越するというのである。ホッブズが『リヴァイアサン』を出版した後、イングランド国内で「無神論者」として非難されたことは有名であるが、それもホッブズがこうした教会の優位性を全く認めなかったことに一因がある。

ホッブズの政治思想は一見すると、君主を前提とし、立法・行政・司法・戦争権をその君主に集中させる、絶対君主制擁護の理論のようである。しかし彼が出発点としたのは人間の本性であり、そこから絶対的主権を有する主権者の必要性を、推論によって結論する。つまり国家も法も、その存在すら前提としない中から、人々の生存を保護することを目的に、国家の必要性が主張されるのであって、その逆ではない。またホッブズの主権者は、個々の人民に対してはその生存と所有権を保護するよう法を制定し、恣意的に権力を行使することが自然法によって制限されている。主権者の絶対的権威はむしろ、教会や主権に対立する政治組織を徹底的に支配することに発揮されるのである。

確かにホッブズの政治思想は、現代的な自由主義思想とは真っ向から対立する、古典的な絶対君主制を支持しているようにみえる。しかし、理性によって契約することを自ら選択する個人を中心に、人間の生存と私的所有権を保護する国家を設立させる理論は、ジョン・ロックに先駆けて、自由主義社会の基礎的概念を図らずも提示しているのである。

〔文　献〕

トマス・ホッブズ／水田洋訳『リヴァイアサン（全四冊）』（岩波文庫、一九五四－一九八五年）
トマス・ホッブズ／本田裕志訳『市民論』（京都大学出版会、二〇〇八年）
リチャード・タック／田中浩・重森臣広訳『トマス・ホッブズ』（未來社、一九九五年）
梅田百合香『甦るリヴァイアサン』（講談社選書メチエ、二〇一〇年）
内田義彦『社会認識の歩み』（岩波新書、一九七一年）

第3章 ロック

■政府は何のために存在するのか

【キーワード】 自然法、自然状態、戦争状態、所有権、政治社会、政府、立法権、信託、専制、抵抗権

1 ロックの政治思想

†ロックの歩み

ジョン・ロック（John Locke 一六三二―一七〇四年）は、ピューリタン革命―共和制期から、王政復興期を経て、名誉革命に至る、市民革命の時代を生きた英国の哲学者・政治思想家である。

一六三二年にイングランド南西部サマセット州のリントンに生まれた。父母ともにピューリタンの家庭に育った彼は、ウェストミンスター校を経て、オックスフォード大学クライスト・チャーチへと進学する。一六五八年にマスター・オブ・アーツの学位を取得し、一六六〇年にはクライスト・チャーチのギリシア語講師となった。その後、一六六二年に修辞学講師となり、一六六三年には大学の道徳哲学監察官に選任された。彼は学生時代より実験科学・医学に関心を寄せ、「ボイルの法則」で知られるボイルと知的交流を図ったり、当代随一の名医と称されたシドナムとの共同研究を行ったりしている。一六六七年にアシュリー卿（後のシャフツベリー伯）の知遇を得て、彼の侍医となり、以後、シャフツベリーの顧問として政務に携わることとなる。しかしその後、シャフ

ジョン・ロック

ツベリーがヨーク公ジェームズ（後のジェームズ二世）の王位継承をめぐる政治闘争（排斥法危機）に敗れ、一六八二年にオランダに亡命するという事態に至るや、ロックもまた身の危険を感じ、翌一六八三年にはオランダへの亡命を余儀なくされた。長期にわたる彼の亡命生活は、ジェームズ二世が王位を追われ、名誉革命が成ったことで、ようやく終わりを告げる。一六八九年に帰国を果たし、同年、『統治論』と『人間知性論』を相次いで出版した（ただし、これらの著書には出版年は一六九〇年と記されている）。一六九一年以降はハイレイヴァーのマシャム夫人邸に居住し、一七〇四年に同地にてその生涯を閉じた。

† 統治論

ロックの学問上の業績は、理論哲学・道徳哲学・政治思想・宗教論・教育論・経済学・医学など多岐に亘っているが、今日のわれわれが知るロックは、主にイギリス経験論を代表する哲学者としてのロックであり、あるいは、古典的自由主義を代表する政治思想家としてのロックである。経験論哲学者としてロックの姿が『人間知性論』において余すところなく示されているように、自由主義政治思想家としてのロックの姿は『統治論』において余すところなく示されている。

その『統治論』（原題は Two Treatises of Government、『統治二論』あるいは『市民政府論』とも呼ばれる）は「第一論文」と「第二論文」の二つから成り、広く読まれているのは第二論文の方である。

第一論文は、ロバート・フィルマー（一五八八―一六五三年）の死から二七年後の一六八〇年に初めて公刊された彼の論文『パトリアーカ（Patriarcha：父権論）』に対する論駁を内容としている。『パトリアーカ』はいわゆる王権神授説を唱えた論文である。それによると、君主がもつ政治的権力の起源は、神が全人類の祖であるアダムに与えた、彼の子孫および全世界に対する絶対的支配権であり、歴代の君主はアダムの継承者としてその絶対的支配権を有するのだとされる。フィルマーはその所説を彼なりの聖書解釈から導き出しているのだが、第一論文におけるそれへの論駁も、同様に聖書を根拠に展開されることになる。

このように、第一論文はフィルマーの王権神授説に対する反駁という、いわば、消極的意義を有するにすぎない。ロックが自らの政治思想を積極的に開陳するのは第二論文においてであり、それゆえに、われわれの関心も、第一論文ではなく、むしろ第二論文へと向けられることになる。

政治的権力を父が子に対してもつ絶対的支配権として理解するフィルマーに対し、ロックは政治的権力を、人々の所有権の保全を目的とする限定的な権力として理解する。そして、政治的権力の起源を、神がアダムに与えた子孫に対する絶対的支配権ではなく、人々が自発的同意によって政治社会に委ねた自然法の執行権に求めている。

ロックによれば、政府（市民政府）の目的は国民の所有権の保全であり、したがって、それこそが政府の存在意義でもある。人々は所有権の安全な享受を求めて、自然状態を脱し政治社会へと加わる。その際、人々は自然状態において有していた自然法の執行権（処罰権）をこぞって政治社会へと委ね、これが政治的権力の起源となる。政治社会は立法部を主体とする政府を設立し、国民の所有権の保全を目的に、その政治的権力を政府に信託する。それゆえ、政府による政治的権力（立法権・司法権・行政権）の行使は、もっぱら国民の所有権保全という目的に限定される。もし政府がその信託に反し、国民の所有権を奪ったり破壊したりするために政治的権力を行使しようとするならば、それにより政府は政治的権力を喪失し、政府は解体する。政治的権力は国民の手中へと取り戻され、国民は新たな政府を設立することとなる。

ロックは、政府と政府が行使する政治的権力の起源ならびに目的と意義を以上のように説いている。その政治理論は極めて平易かつ明確である。以下、その内容をやや詳しく見ていくことにしたい。

2　自然状態と戦争状態

†自然状態とはどのような状態か

ロックにおいて、全人類が自然に置かれている状態とは、神が与えた人類共通の法である自然法のみが人々を律している状態であり、そこでの人々は、自然法の許す範囲内であれば、もっぱら自分自身の意志のみに従って、自由に自分の所有物を処分することや自分の身体を行使することができる。ロック自身の言葉では、自然状態とは、「なんら他人の許可を求めたり他人の意志に依存したりすることなく、自然法の範囲内で、自分が適当であると考えるままに自分の行為を律し、自分の所有物と身体を処分するような完全に自由な状態」であると言われる（『統治論』第二論文第四節――なお、これ以後の『統治論』第二論文からの引用は、節番号のみで該当箇所を指示する）。

このように自然状態とは「完全に自由な状態」であるのだが、その状態は人類共通の法である自然法によって律せられているのであるから、無論、人々にあらゆる勝手気ままな振舞いを許すものではない。

自然状態は自由な状態であるだけでなく、人々の間に従属や服従の関係が存在しないという点で、平等の状態でもある（第四節）。つまり、自然状態においては、各人は自由で平等で相互に独立しており、自然法以外の何ものにも服すことがないのである。

† 自然法とは何か

では、自然状態を律している自然法とはどのような内容をもっているのだろうか。

全ての人は自分自身を保存し、勝手にその地位を捨ててはならないという義務を負っているのだが、それと同じ理由によって、自分自身の保存と競合しない場合には、人はできる限り他の人類を保存すべきである。そして、犯罪者を処罰する場合を除いては、他人の生命、または生命の保存に役立つもの、自由、健康、四肢、あるいは財産を奪ったり害したりしてはならないのである。（第六節）

自然法とは神の意志ないしは命令であり、その神は各人に対し、まずは自分自身の保存を、そして、自分自身の保存と競合しないかぎりにおいて、できるだけ他者の保存を義務付けている。それゆえ、自殺することや、無実の他者の生命・自由・身体・財産に対する侵害は禁じられる。要するに、自然法は各人に自己保存と他者保存を義務付けているのであり、一言で言うならば、人類保存こそが自然法によって課せられる義務の内容なのである。

自然状態においては、自然法の解釈と執行は各人に委ねられている。それゆえ、自然状態においては、犯罪者を処罰する権利は各人の手の内にある。「権威をもった共通の裁判官」ないしは「地上の共通の上位者」がいないという点において、自然状態は政治社会と異なっているのである（第一九節）。

なお、この自然法は人類共通の法であるのだから、人々が自然状態から政治社会へと移行した後にも拘束力を失うことはない。自然法は政治社会においても、そこで制定される法の基礎となり、それを規制する（第一二節）。自然法の義務は政治社会において失われるのではなく、むしろより精密に規定されるのである（第一三五節）。

† 戦争状態とはどのような状態か

自然法は全ての人々に人類保存を命じ、他者危害を禁じている。その自然法の下で人々が未だ政治社会を形成することなく暮らしている状態こそが自然状態なのだが、それと対置されるのが戦争状態である。戦争状態について、ロックは次のように述べる。

戦争状態とは敵意と破壊の状態である。それゆえ、他の人々の生命に対する意図を、激情的かつ性急にではなく、冷静沈着に言葉や行動によって宣言することで、その者は自分がそのような意図を宣言した相手との戦争状態に自らを置くことになり、そうすることで、自分が取り去ろうとしている相手の力に、あるいは、その相手を守るべく彼に加担し彼の争いを支持する者の力に、自らの生命を晒すことになる。私が私に対して破壊の脅威を与える者を殺す権利を有しているということは理にかなっており正当である。というのも、基本的な自然法によると、人間は可能なかぎり保存されるべきであるが、全員の保存が可能でない場合には、無実の者の安全が優先されるべきだからである。(第一六節)

他者に対して、その生命を脅かすことを言葉や行動によって宣言する者は、自分自身の生命を相手方とその加担者に晒すことになり、ここに戦争状態が出現する。また、生命を脅かすだけでなく、暴力を用いて他者の自由や財産を奪ったり脅かしたりすることも、その相手方に対する戦争の宣言と見なされる。というのも、そのような行為に及ぶ者は、相手方の自由や財産だけでなく、その生命をも奪い去ろうとしていると必然的に推定されるからである(第一七節)。自然法は、暴力を用いて他者の生命・自由・財産を脅かす者よりも、無実の者の保存を優先するのだから、不当に戦争を仕掛ける者を殺すことは正当化される。なお、戦争状態は、自然状態においてだけでなく、政治社会の内においても出現しうる。というのも、自然状態のように助けを求めるべき共通の上位者がいない場合だけでなく、共通の上位者に助けを求める余裕がない緊急の場合においても、他人の身体に対する不当な暴力や、そのような暴力を用いる意図の宣言は、戦争状態を生み出すからである(第一九節)。

3 所有権――労働所有権論と「ロック的但し書き」

† 所有権とは何か

後に**4**で見るように、人々は所有権を確実かつ安定的に享受するためにこそ政治社会を形成する。それゆえ、社会の成員の所有権保全こそが政治的権力の目的であり、その目的から逸脱した政治的権力の濫用は許されない。このように、所有権の保全は、政治的権力を正当化する根拠であると共に、それに限界を与えるものでもある。では、ロックにおける所有権とは何か。今日のわれわれの一般的な理解によるならば、所有権とは物に対する全面的かつ排他的な支配権である。たとえば、甲なる者がある対象に対して所有権を有しているのであれば、甲は自分の意志のままに、その対象を使用したり譲渡したり貸与したりすることができる。それに対し、甲以外の者が甲の同意なしにその対象に干渉することは許されない。ロックにおいても同様に、所有権とは対象の全面的かつ排他的な支配権である。ただし、ロックは各人の財産だけでなく各人の生命や自由についても、それらを一種の所有物と見なしている。それゆえロックは、各人の生命・自由・財産を一括して「所有権」と呼ぶことがある（第八七節など）。この特殊な用語法に注意するならば、ロックは「所有権」という語をわれわれと同じ意味で使っていると考えて差し支えない。

ロックによれば、所有権は実定法に根拠をもつ権利ではなく、それは自然法上の権利である。**2**で見たように、自然法は政治社会においてもその効力を失うことはなく、むしろ政治社会における法は自然法に基礎を置くのだから、為政者が所有権者本人の同意なしに立法によってその所有権を奪うことはできない。ロックによれば、所有権は契約や立法などの人々の同意によってではなく、各人が営む労働によって正当化され確立するのである。

† 労働所有権論

ロックは、神はアダムに全世界に対する支配権を与えたというフィルマーの仮定を退け、それに代えて、神は世界を全人類に対して共有物として与えたと仮定する（第二五節）。自然法は各人に自己保存を義務付けていたのだが、自己保存のためには生活の糧となる自然資源の利用が不可欠である。それゆえ、人々には自己保存のために自然資源を利用する権利が共通の権利として与えられていると更に仮定されねばならない（第二六節）。自然法はまた、自己保存と競合しないかぎり、できるだけ他者を保存することを各人に義務付けていた。ロックの所有権論は、これら三つを前提としたうえで展開されることとなる。

さて、ロックの仮定によれば、人々の食料となる動植物をはじめ、自然資源は総じて人類の共有物である。しかし、それらの一部を排他的に支配することができなければ、自己保存のために利用することができない。それゆえ、それらを私的に所有する手段が必ずや存在しなくてはならない（第二六節）。労働こそがその手段であるとロックは言う。では、なぜ労働が所有権獲得の手段となるのだろうか。

> 大地と全ての下級の被造物は全ての人々の共有物であるが、しかし各人は自分自身の身体に対する所有権をもっている。これに対しては、本人以外のだれも何の権利ももっていない。彼の身体の労働と彼の手の働きは、固有に彼のものであると言ってよい。そこで、自然が準備し、そのままに放置しておいた状態から彼が取り去るものは何であれ、彼はこれに自分の労働を混合し、それに自分自身のものである何かを付け加え、それによってそれを自分の所有物とするのである。そのものは、自然によって置かれた共有の状態から彼によって取り去られたのだから、この労働によって他人の共有権を排除する何かがそれに付け加えられたのである。（第二七節）

各人は自分の身体に対する排他的所有権をもっている。そこで各人は、自らの身体を用いて、共有の状態にあった自然の一部に対して労働を加えることによって、その排他的所有権を自然の一部へと拡張することになる。ロックは労働による所有権の獲得をこのように正当化している。それに続いてロックが挙げる労働の例は、ドングリやリンゴを集めること、泉の水を水差しに汲むこと、海で魚を採ることなど、いわゆる狩猟採集の行為である。これらの労働によって、共有状態にあったドングリやリンゴや水や魚は、その労働を行った者の所有物となるのである。これらは食物の所有に関する例だが、ロックは更に、土地の所有についても同様の議論を展開する。大地もまた元来は共有の状態にあるのだが、各人はその大地の一部を労働によって開墾し、そこに種を蒔き、農作物を育てることによって、その土地を、そこで生産される農作物ともども自分自身の所有物にする、というわけである。

† ロック的但し書き

労働の成果はその労働を行った者に帰属すべきであると説く労働所有権論は、われわれの自然な直観に適っており、それだけに説得的でもある。しかし、われわれの生活に有用な自然資源は決して無尽蔵ではないのだから、労働による所有権獲得が無制限に認められるわけではない。所有権獲得には一定の制約が存在するのである。ここで想起されるべきは、所有権の根拠となる自然法は、自己保存のみならず、自己保存と競合しないかぎりにおいて、最大限の他者保存をも命じているということである。この他者保存への要請が労働による所有権獲得に制約を課すことになる。

所有権獲得に対する制約として、ロックは「十分性条件」（これは「ロック的但し書き」とも呼ばれる）と「浪費制限」の二つを挙げる。第一の制約である「十分性条件」は、労働によってある資源を所有するためには、それと同じ種類のものが、他の者にも共有物として十分に残されていなくてはならないという制約である。たとえば、ある者が農耕によって土地の所有権を獲得しようとする場合、利用できる土地が他の者にも共有物として十分に残されていることがそのための条件となる。

第二の制約である「浪費制限」は、所有物を適切に利用することなく腐敗させることや、所有物を浪費することを禁止するものであり、これによって、労働によって獲得できる所有物の量は利用可能な範囲へと制限される。そして、利用可能な範囲を超える所有は、他者の権利に対する侵害と見なされることになる。ここで注目すべきは、「浪費制限」が命じる所有物の適切な利用とは、所有者がその所有物を直接に使用したり消費したりすることにとどまらず、その所有物をそれを必要とする他者に譲渡したり、あるいは、その所有物を他の物と交換することをも含むという点である。これによって、自分が直接に消費するための生産ではなく、交換を目的とした生産が、つまり、貨幣との交換を目的とする商品生産への道が開かれることになる。

これら二つの制約は、いずれも、労働による所有を行う者に対し、万人共通の権利である、自己保存のために自然資源を利用する権利を侵害することを禁じているのである。このように、所有権を獲得し行使することで自己保存を図ろうとする者には、他者保存への配慮が要求されることとなる。所有権を獲得し、それを行使する者には、資源の稀少性を前提に、自己保存と他者保存を二つながら実現する義務が課せられているのであり、ロックにおける労働と所有権の意義は、この二つを共に実現していくという点にこそ存する。

4 政治社会と政府の起源と目的

† 政治社会とその起源

既に**2**で見たように、自然状態とは、人々の間に支配と服従の関係が存在せず、自然法のみが人々を律している状態なのであった。そしてまた、その状態の下では、自然法を解釈し執行する権利（処罰権）は各人の手に委ねられているのであった。では、それに対する政治社会とはどのようなものなのだろうか。政治社会についてロックは次のように述べている。

その〔政治社会の〕成員のだれもが、この〔犯罪者を処罰するための〕自然の権力を手放し、それを共同体の手に譲り渡した場合に、そしてその場合にのみ、政治社会は存在するのである……。かくして、全ての個々の成員による私的な判決は全て排除され、全ての当事者に対して公平で同一の、固定した永続的な規則によって、共同体が裁定者となるのである。そして、共同体は、それらの規則を執行するために、共同体から権限を与えられている人々によって、その社会のどの成員の間にも生じうるあらゆる権利問題に関する全ての争いに決定を与え、成員が社会に対して犯した犯罪を罰するのである……。（第八七節）

政治社会において、人々みな、自分が元来もっていた自然法の執行権を共同体へと譲渡する。これにより、共同体は自然法の執行権を独占することになる。そして、政治社会の成員間の権利問題の解決や成員が犯した犯罪の処罰は、共同体により授権された裁判官が、公平かつ一定不変の法に従って、執り行うことになるのである。つまり、政治社会とは、人々が自然法の執行権をこぞって放棄し、それを公共の手に委ねることによって成立する社会なのである（第八九節）。そして、この譲渡された自然法の執行権こそが、政治社会がもつ立法権や行政権の、すなわち政治的権力の起源となるのであり、政治社会は、これらの権利を行使するにあたり、必要とあらば、社会の全成員の全ての力を用いることができるのである（第八八節）。それゆえ、各人にとって、自然状態を脱して政治社会に加わるということは、政治社会がもつ政治的権力に服することを意味する。しかし、自然状態において、各人は誰にも服従することなく、独立かつ自由の状態にあったのだから、その状態から政治的権力への服従を意味する政治社会への移行を可能にするものは、各人自身の同意以外にありえない。

人々は……自然には皆が自由で平等で独立しているのだから、何人も、自分自身の同意なしに、この状態から追われて、他者の政治的権力に従属することはありえない。人が自分の自然な自由から脱し、市民社会の拘束を受けるようになる唯一の方法は、あるひとつの共同体へ加入し結合することに他の人々と同意することであり、その目的は、自分の所有物を安全に享受し、共同体の外部の者に対してより大きな安全性を保つことによって、相互に快適で安全で平和な生活を送ることにある。（第九五節）

このように、政治社会への加入はもっぱら各人の同意によるのだが、その同意の目的は、所有権を安全に享受することにある。なお、政治社会に加入する際の同意は、明確な約束ないしは契約といった明示的同意でなくてはならない（第一二二節）。また、同意によって政治社会に加入した者は、それにより、多数者の決定に従うという義務を政治社会の全員に対して負うことになる（第九七節）。このように、人々が、明示的な同意によって、自分たちが元来もっていた自然法の執行権を共同体に譲渡することで政治社会は成立するのであり、このことにこそ、政治社会の起源は存するのである。

† 政治社会の目的

自然状態において完全に自由で平等で独立の存在であった人々が、その完全なる自由と平等の状態を脱し、政治社会に加わり、その政治的権力に服するのは、既に見たように、主に所有権を安全に享受するためである。では、所有権を安全に享受するうえで、自然状態のどこに問題があるのだろうか。なぜ人々は完全なる自由と平等を棄ててまで、政治社会へと向かうのだろうか。この点について、ロックは次のように述べている。

……自然状態において彼は確かにそのような〔所有の〕権利をもってはいるのだが、しかし、その権利の享受はとても不確実で、他者による侵害に絶えず晒されている。というのも、万人が彼と同様に王であるのだから、だれもが彼と同等であり、そして、大部分の者が公正と正義の厳格な遵守者ではないのだから、この状態において彼がもつ所有権の享受は極めて不安定であり、極めて不確実である。それゆえ彼は、いかに自由とはいえ、恐怖と絶えざる危険に満ちた状態から自発的に離れるのである。自分たちの生命・自由・財産……の相互的な保全のために、既に結合しているか、結合しようと思っている他者と共に社会に加わることを、彼が求め、厭わないのは、理由のないことではない。（第一二三節）

自然状態は、確かに自由ではあるが、だれもが他者に服従することなく自分自身にのみ従い、そして、大半の者は公正と正義に関して厳格ではないのだから、そこでの所有権の享受は極めて不安定かつ不確実にならざるをえない。自然状態が抱えるこのような重大な不都合ゆえに、人々はその状態から離れ、他者と共に政治社会へと結合し、そうすることで所有権の相互的な保全を図ろうとするのである。それゆえ、成員の所有権の保全こそが、政治社会およびそれがもつ政治的権力の主要目的となる。政治的権力について、ロックは次のように述べている。

政治的権力とは、所有権を規制し保全するために、死刑およびそれ以下の全ての刑罰を伴う法をつくる権利であり、そして、そのような法を執行する際や外敵から国家を防衛する際に共同体の力を用いる権利であり、その全ては公共の福祉のためであると私は考える。（第三節）

政治的権力は、社会の成員の所有権の規制と保全をその目的としており、そのための法を作成する権利（立法権）およびその法を執行する権利（行政権）をその内容としている。それはまた、法の執行や国防に際して、必要とあらば社会の全成員の力を用いる権利でもある。そして、政治的権力に課せられたこの目的は、同時に政治的権力に対する制限でもある。

この〔政治的〕権力の目的と尺度は、それが自然状態において各人の手中にあるときには、彼の社会の全員を、すなわち、全人類を保存することなのだから、それが為政者の手中にあるときには、その社会の成員の生命・自由・財産を保全するということだけなのである。それゆえ、政治的権力は、彼らの生命と財産に対する絶対的で恣意的な権力ではありえないのである……。（第一七一節）

政治社会がもつ政治的権力は、社会の成員の所有権の保全という目的によって制限されるのであり、それを超えてはならない。よって、政治的権力は、フィルマーが説くような君主の臣民に対する絶対的支配権では断じてありえないのである。

†　立法権の確立と政府の諸形態

自然状態において、自然法の解釈と執行は各人の手に委ねられている。ところが、人々は、自然法の解釈に際しては、自愛ゆえに自分自身や自分の友人の方に偏りがちであるし、また、自然法の執行に際しては、激情や復讐心によって他者を過剰に処罰する傾向にある（第一三節）。これらが要因となって、自然状態における人々の所有権の享受は極めて不安定かつ不確実となる。要するに、自然状態には、人々の共通の同意によって受け入れられている確立した一定の衆知の法と、権威ある公平な裁判官が欠けているのである。それに加えて、自然状態においては、正しい法的判断が下されたとしても、それを適正に執行する権力が存在しない場合がある（第一二四―一二六節）。自然状態におけるこれらの三つの欠陥に対する救済策となるのが市民政府であり、この市民政府を求めて、人々は政治社会へと加わるのである。

政治社会において、その政治的権力は多数者の手中にあるのだが、その権力は、自然状態における先述の三つの欠陥に対する方策を講じ、それによって社会の全成員の所有権を保障する義務を彼らに対して負っている（第一三一節）。その方策の中で最も重要なのが、社会の共通の尺度となるべき法の確立である。それゆえ、多数者が政治的権力を用いてなすべき第一の事柄は、法の作成を担う立法権の確立である。この立法権こそが国家の最高権力なのだから、立法権をどこに置くかによって、国家ないしは政府の形態が決まることになる。すなわち、立法権を多数者が自ら行使するならば、その国家は民主制国家であり、それを少数あるいは一人の者の手に委ねるならば、その国家は、それぞれ寡頭制あるいは君主制の国家となる（第一三二節）。立法部は、国民に周知され確立された常置の法と、公平かつ正しい裁判官によって統治を行う義務があり、共同体の力を用いる際には、その用途は、法の執行と外敵からの侵略防止に限定される（第一三一節）。

5　抵抗権——専制と政府の解体

立法権は国家における最高の権力なのだが、その政治的権力は決して無制限な権力ではない。その政治的権力は、もっぱら国民の所有権の保全と公共の福祉という限定的な目的のために、社会から信託された制限的な権力なのである。よって、それは思うままに他人の生命・自由・財産を奪うことができるような絶対的で恣意的な権力ではありえない（第一三五節）。政治的権力が、その信託に反して行使されるとき、その権力は直ちに専制的権力へと転じる。

国民の統治と国民の所有権保全のために誰かの手中に委ねられた権力が、他の目的のために用いられ、そして、国民を困窮させ、苦しめ、その権力をもつ者の恣意的で気まぐれな命令に従わせるために利用される場合にはいつでも、その権力

は直ちに専制となるのである……。（第二〇一節）

このように、もし立法部が、社会からの信託に反して、国民の所有権を侵害し、国民をその恣意的な権力の下に隷属せしめようとするならば、立法部は国民との戦争状態に自らを置くことになり、それによって国民はいかなる服従の義務からも解放される（第二二二節）。立法部がこのようにして国民に対して戦争を仕掛けたならば、対する国民は、自衛の権利ならびに攻撃者たる立法部に抵抗する権利、すなわち抵抗権をもつことになる（第二三二節）。そしてまた、この背信行為によって、立法部はその政治的権力を喪失し、その権力は国民の手中に戻り、政府は解体することになる。政府が解体した後は、国民は、所有権の安全な享受のために適切であると自分たちが考えるところにしたがって、新たに立法部を設立することができるのである。

〔文　献〕

ジョン・ロック／伊藤宏之訳『全訳　統治論』（柏書房、一九九七年）
ジョン・ロック／宮川透訳『統治論』（中央公論新社、二〇〇七年）
ジョン・ロック／加藤節訳『完訳　統治二論』（岩波文庫、二〇一〇年）
ジョン・ロック／角田安正訳『市民政府論』（光文社古典新訳文庫、二〇一一年）
ロバート・ノージック／嶋津格訳『アナーキー・国家・ユートピア—国家の正当性とその限界』（木鐸社、一九九五年）
浜林正夫『ロック（イギリス思想叢書）』（研究社出版、一九九六年）
岡村東洋光『ジョン・ロックの政治社会論』（ナカニシヤ出版、一九九八年）
下川潔『ジョン・ロックの自由主義政治哲学』（名古屋大学出版会、二〇〇〇年）
愛敬浩二『近代立憲主義思想の原像—ジョン・ロック政治思想と現代憲法学』（法律文化社、二〇〇三年）
中神由美子『実践としての政治、アートとしての政治—ジョン・ロック政治思想の再構成』（創文社、二〇〇三年）
今村健一郎『労働と所有の哲学—ジョン・ロックから現代へ』（昭和堂、二〇一一年）

第4章　ルソー

■なぜ社会契約が必要なのか？

【キーワード】　自然状態、憐れみの情、自己改善能力、社会契約、自由、一般意志、立法者、市民宗教

1　自然と社会

† 社会状況と政治思想

ジャン＝ジャック・ルソー（Jean-Jacques Rousseau）は一七一二年、ジュネーブ共和国（現在のスイス）に生まれた。パリに上京後、『学問芸術論』にてその思想家としての生涯をスタートさせた。ついで、『人間不平等起源論』『社会契約論』『エミール』といった数々の思想書を残した。思想哲学の分野のみならず、恋愛小説、自伝小説なども執筆し、一八世紀啓蒙思想を代表する思想家となった。

当時のフランスは官僚制の徹底と軍隊の強化によって中央集権国家へと進展し、いわゆる絶対王制の時代に突入していた。国家の官職は、中国の科挙制度とは異なり、貴族および売官制によって官職ポストを得た新興のブルジョワジーといった少数の人々に限られていた。

拝金主義とも呼べる腐敗した官僚制度と一部の者たちによる富の集中による極端な不平等社会が一八世紀フランスには存在していた。このような社会のなかで生まれてきた新しい思想潮流が啓蒙思想であり、そのなかの一

ジャン＝ジャック・ルソー

人がジャン＝ジャック・ルソーであった。

また、ルソーは自身の死後に勃発したフランス革命にも絶大な影響を与えたとも言われている。たとえば、革命期に多くの人間をギロチン台へ送ったロベスピエールは、ルソー思想の信奉者であった。

† 批判者ルソー

ルソーの政治思想家としての出発点は、他の政治思想家に対する批判者としてであった。自然法学者やホッブズ、ロックたちの学説に対し、ルソーは激しい批判を展開した。その作品が『人間不平等起源論』（一七五四年）である。

フランス地方都市の一つであるディジョンのアカデミー（学者たちの共同体）が発表した懸賞論文「人間の不平等の起源はなんであるか。またそれは自然法のもとで是認されうるか」という設問に対して、「否」と答えたのが『人間不平等起源論』であった。この作品でルソーは、人間の堕落の歴史を描きながら、人間の不平等は自然法では是認されず、身分格差は不当なものであると主張した。どのような理由・根拠に基づいて、ルソーは不平等が正当性を持つものではないということを主張したのだろうか？　このことを理解するために重要なキーワードは、自然状態という概念である。

† 規準としての自然状態

自然状態とは、ルソー以前から政治思想の分野において頻繁に使われていた概念であり、国家や社会といった政治体ができあがる以前の人間の状態を指す。もちろん、実際にそのような状態が存在したかどうかは疑わしい。しかし、自然状態という概念は、基本的には社会や国家がどのように成立したのかを思考するための理論的道具、あるいはなんらかの政治体（統治形態）の正当性を根拠付ける理論的道具として、ホッブズ、ロック、ルソーらによって用いられた。

ルソーが考える自然状態とは、どのようなものだったのだろうか。まずは『人間不平等起源論』からその記述を見てみよう。

森の中を彷徨い歩く未開の人間（＝自然状態に生きる自然人）は、持ち前の技量といったものもなく、言葉も話さず、家もなく、戦争もなく、人間関係も持たず、同胞の人間も必要とせず、同胞に危害を加えようとも思わない。おそらく同胞を誰一人として見分けることもできない。それゆえ、この未開の人間は情念に引きづられることもなく、彼自身で満ち足りており、この状態（＝自然状態）に適した感情と知識しか持っていない。（『人間不平等起源論』第一部）

ルソーが考えた自然状態とは、社会、国家といったいかなる共同体も全く存在しない状態を意味していた。自然人は、他人と交際することもなく、動物的な生を享受していた。そこでは、家族といった最小限の共同体すら存在していない。いわば、人間から社会的、人為的なものを剥ぎとった状態がルソーの自然状態である。

ホッブズやロックの自然状態は、ルソーに言わせれば、「社会の中で発見された考え方を自然状態に持ち込んで」作られたものであった。ホッブズは自然状態を「万人の万人に対する闘争」状態と定義し、王との服従契約の正当性を主張した。そして、ロックは所有権を自然状態のうちに認めた。

しかし、彼らは社会の中で得られた非自然的（人為的）な観念によって自然を見ていたにすぎない、とルソーは『人間不平等起源論』において批判する。

社会の基礎について考察した哲学者は誰もが、自然状態に遡ることが必要だと考えたのだが、実際に自然状態にたどりついた哲学者は一人もいない。自然状態のうちにある人間は、正義と不正義の観念をもっていたことを躊躇なく認めた哲学者たちもいたが、自然状態で人間は必ずそのような観念をもっていたかどうか、こうした観念が人間に役立つものだったのかどうかは、説明しようとはしなかった。〔…〕未開の人間について語りながら、社会の中の人間を描いていたのだった。（『人間不平等起源論』前文）

ホッブズが自然人に与えた恐怖や猜疑心といった情念は、社会のなかで生み出された感情にすぎない。ロックが自然状態に認めた所有権すらも人為的な観念であるとして、これらの観念、情念をルソーは自然状態に認めなかった。このような徹底した批判と懐疑をルソーが行った理由は、権力や不平等の正当性の根拠に自然状態が使われることをルソーが拒否したからである。元々、人間は不平等だったから現行の不平等も自然なものとして是認する、という考えを払拭することがルソーの自然状態論の目論見であった。

それゆえ、ルソーの自然状態は現在の社会を判断するための仮説的な規準として構成されている。

全ての事実から遠ざかることからはじめよう。なぜなら、事実は問題に触れることはないからだ。この主題について行われる研究を歴史的事実と捉えてはならず、単なる仮説的で条件的な推論ととらなければならない。それは真の起源を示すためというより、むしろものごとの本性を明らかにするためのものである。（『人間不平等起源論』前文）

現在の事実を判断するために指標としてあらゆる人為的な観念が剥ぎとられた状態こそがルソーの自然状態であり、この規準としての自然状態は不平等や権力の恣意性、正当性の無根拠さを明らかにすることができる。それでは、ルソーの自然状態の中身を検討しよう。

†二つの不平等

ルソーは、人間のあいだに存在する不平等を自然的不平等と政治的不平等の二種類に区別する。前者は、年齢、体力、身体的性差、健康状態といったものであり、それはルソーの考える自然状態に存在する。元々、「不平等」はフランス語ではイネガリテ（inégalité）と呼ばれる。この言葉には今日的な不平等という意味と、地面が平らではなくでこぼこしている「不均衡」という意味も存在する。つまり、個々の人間がそれぞれ違っているというだけで、自然的不平等には良し悪しといった価値は存在しない。ただの差異でしかない。

もう一方の政治的不平等とは、財産の大小、社会的地位の差、権力などを指す。これらの不平等は、「一種の合意」に依存するものであり、「他者を犠牲にすることで何人かの人々が特権を享受することになる」とルソーは考える。つまり、ルソーが生きたフランス社会に蔓延る政治的不平等とは、人間の関係から生まれるものであり、人間の関係性が存在しない自然状態にはそのような政治的不平等は存在しない。それゆえ、人間の不平等は自然法によっては是認されず、不当なものであるとルソーは喝破したのであった。

†自然人のうちにある二つの原理：自己保存と憐れみの情

ルソーの考える自然状態で生きる自然人には他者と交わろうとする社会性が存在しないとすれば、彼らはどのような原理に従って行動していたのか。ルソーは、自然人には「理性に先立つ二つの原理」が存在すると主張する。一つは、自己保存の原理である。飢えや渇き、痛みといった苦しみを避けて、生存しようとする原理である。そして重要なのが、もう一つの原理である憐れみの情である。憐れみの情とは「あらゆる感情をもった存在者、とりわけ同類〔人間〕が死んだり、苦しんだりするのを見ることに対する自然な嫌悪感」（『人間不平等起源論』序文）である。私たちの目の前で他者が（たとえ、それが肉親でも知り合いでもない赤の他人であっても）苦しんでいるのを見ることを私たちは不快に思うだろう。他者が苦しむのを見たくないという感情こそが「憐れみの情」であり、それは動物にすらあるかも知れないとルソーは言う。

この二つの原理は自然状態において、自然法の役割を担う。つまり、自らの死苦を回避して生きることを欲求する自己保存原理と、同類の死苦を目にすることを回避したいという欲求である憐れみの情の二つの原理から、自然法の全ての規則が生まれ、ホッブズやロックが自然状態に導入した社会性の原理を自然状態に導入する必要はないとルソーは考えた。

† 人間と動物の違い：自由と自己改善能力

ルソーの自然状態論では、一見すると、人間を動物と見なしているように思われる。しかし、動物にはない人間に固有の特性が二つあるとルソーは考える。それが、自由と自己改善能力である。

人間も動物も身体的には同じような機械構造によって形成されているとルソーは考える。たとえば、動物も人間も同じように四肢を有し、内蔵の作りも同じである。このような意味において、動物と人間を区別することは難しい。しかし、動物には自由がないとルソーは主張する。「動物は本能によって選択し、拒否する。人間は自由な行動によって選択し、拒否する」(『人間不平等起源論』第一部)。動物は本能によって行動のパターンが限られている（たとえば、より栄養価の高い食物であっても本能で決められた以外の食物を動物は食さない）。反対に、人間は選択するという「自由」が有している（究極的な例を挙げれば、自らの生を終える自殺である）。

動物から人間が区別されるもう一つの重要な特性が、自己改善能力（perfectibilité）である。少々分かりにくい言葉だが、フランス語を見れば理解しやすいだろう。「改善する、完全にする」という動詞 perfectionner の名詞化がペルフェクティビリテであり、身の回りの環境を用いて自らの能力を改善、改良する能力を意味する。

動物は本能によって決められた生を送るが、個体においても種のレベルにおいてもその生は変化しない。しかし、人間には固有の本能というものは存在しない、とルソーは考える。そのような意味で、人間は動物よりも身体的には劣った存在である。だが、自己改善能力によって人間は道具の作成や言語の形成などを行い「技術」を獲得することが可能となる。これが人間と動物の決定的な差異である。

† 自然状態から社会状態へ

この自己改善能力に対して、ルソーはポジティブな意味だけではなく、ネガティブな意味も与えていた。自己改善能力は、様々な環境の変化によって技術や言語といったものを生み出してくれる。しかし、そうなると人間の能力と欲求は拡大し、自然状態を少しずつ離れ、人間は集まって暮らすようになる。人間が不平等に満ちた社会状態へ堕落する契機となるものもまた、この自己改善能力なのである。だが、この能力だけによって人間は自然状態を脱したとはルソーは考えてはいなかった。

人間同士の依存関係が皆無であった自然状態から、隷属関係に満ちた社会状態へと至る道筋とはどのようなものであったのか？　この、なぜ移行したのかという問題に関してルソーは答えることはない。自由という特性と自己改善能力を有する人間は、外的環境の偶然（たとえば、噴火や洪水によってどうしても集住せざるをえない場合など）によって自然状態から脱したとルソーは考えた。

では、ルソーにおける社会状態の始まりとはなんであったのか。それは所有権の確立である。「ある土地を囲い込んで、『この土地は私のものだ』と言うことを思いつき、そのことを信じる単純な人々を見出した最初の者が市民社会の真の創設者である」（『人間不平等起源論』第二部）。この所有権の誕生から、強者によって引き起こされる不平等な社会はすぐ目の前にある。

この『人間不平等起源論』という作品において、ルソーは他の政治思想家の議論を徹底的に批判し、あらゆる不平等は不当なものであるということを証明した。そうなると、次の課題は必然的に決まる。すなわち、不当な権力が存在しない最善な国家とは何か。この問題は主著『社会契約論』にて論じられることになる。

2 新しい自由の創設としての社会契約論

†『社会契約論』の目的

ルソーの主著である『社会契約論』（一七六二年）は、四編から構成される。第一編では、ルソー以前の「社会契約」説に対する批判が展開される。第二編では、主権のあり方について。第三編では、主権と政府の関係について。第四編では、古代ローマの政治機構が検討され、最後にルソー解釈の最難関ともいえる市民宗教が論じられる。

「人は自由なものとして生まれたのに、いたるところで鎖につながれている」（『社会契約論』第一編第一章）というルソーのペシミズムは、前作の『人間不平等起源論』と連続する主題である。前作同様、まずルソーはこれまでの社会契約説がいかに不当なものであったかを批判する。

†様々な権力の否定

社会というものは、『人間不平等起源論』で見たように、自然なものではない。それは人為的な産物であり、人間同士のなにがしかの合意によって生まれる。だとすれば、最も是認されるべき合意に基づく社会とは何であろうか？　まず、ルソーは既存権力の正当性を担保するものとして持ち出される父権、暴力、奴隷制に対して徹底的に批判する。

最初に、社会の最小単位と思われる家族についてルソーは検討する。ルソーによれば家族は自然な社会ではあるが、父権に関しては自然ではないと主張する。なぜなら、子供は父親の保護がなければ生きていくことはできないが、子供が自らの生命を維持できるように成長すれば、父親は不必要になるからだ。王と臣民という形式を親子関係の比喩と見なし、父権をもってして王の権力の正当性を担保するという考え方に、上記の理由からルソーは反対する。

次に、ルソーは暴力によって生み出される権力を否定する。暴力によって服従することを強いられているとすれば、その暴力による圧力が消滅した場合、服従する動機がなくなる。つまり、義務によって人々は服従する必要がなくなる。よって、暴力によって打ち立てられる権力は「権利」ではない。

そして、奴隷制もルソーは否定する。なぜなら、何の代償もなく自らを差し出すということはありえないからだ。まさに常軌を逸した行為であり、理性的ではない。

以上の議論から、ルソーは権力の正当性の根拠を徹底的に批判し、正当な社会のあり方は社会契約を行う以外ありえないと結論付けるのである。

† なぜ、社会契約が必要なのか?

ルソーが社会契約を重要視する理由とは、社会契約こそが人間が生き残るための唯一の方法であるからだ。『人間不平等起源論』において展開された人間の堕落の歴史、すなわち自然状態から隷属や不平等に満ちた社会状態に至った人間たちは、どのようにすれば不平等もなく他者に隷属することもない状態で生きることができるのか。そのためには、多くの人々の協力が必要である。すなわち、動物を狩り、田畑を耕すには様々な人々の一致団結が必要不可欠なのである。だが、それは誰かの命令によってでも、一部の人間の圧力によってでも、父の権力によってでも団結されてはならない。なぜなら、そこには人間が本来持っている自由が存在しないからである。

それでは、どのように人々は生きるために団結するべきか。その方法としてルソーは社会契約を挙げる。社会契約によって生み出される新しい人間の状態を、ルソーは以下のように定義する。


あらゆる共同の力をもって、各成員の生命と財産を守り、保護する結合の形式を発見すること。この結合において、各人は全ての人々と結び付きながらも、自分にしか服従せず、以前と同じように自由であり続ける。(『社会契約論』第一編第六章)

社会契約によって守られるべきは、まず第一に構成員の生命と財産である。この部分は理解しやすいだろう。しかし、問題は次の文章である。「全ての人々と結び付きながらも、自分にしか服従せず、以前と同じように自由であり続ける」という文章は、ルソー以前の政治思想から考えると奇妙に思える。なぜなら、ホッブズの社会契約では、臣民は主権者である王と契約することによって生命と財産を王に守ってもらう代わりに、彼らは主権者によって与えられる法に拘束もされるからである。ルソーの場合は、社会契約以後も人々は自らにのみ服従し、〈自由〉であり続ける。

だが、これでは一体何を契約することになるのか? この点を理解するには、ルソーにおける自由の概念の二つの区別を把握する必要がある。

†二つの自由

ルソーの政治思想には、自然的自由と市民的自由という考え方がある。自然的自由とは、自然状態のなかで人間が享受していた自由である。ルソーが考える自然状態のなかでは他者に支配されることもなく、また明確な所有権も確立しておらず、あらゆることを為す自由が人間にはあった。そこには人々を縛る法も何もない（しかし、自然状態には自己保存原理と憐れみの情が存在し、それらが一種の法（道徳）の役割を担っているという点には注意が必要だ）。だが、社会契約によって人々はこの自然的自由を失う。

社会契約によって人間が失うものは自然的自由であり、彼が気をひかれ、手に入れたいと思ったものならなんでも手に入れることができる無制限の権利である。そして〔社会契約によって〕人間が得るものとは、市民的自由であり、彼が所有するあらゆるものに対する所有権である。（『社会契約論』第一編第八章）

社会契約以前は、所有権という考えは存在せず、力による奪い合いの世界であった。しかし社会契約以後は所有権が確立され、他者の所有するものを奪うといった自然的自由は失われた。では、社会契約によって獲得した市民的自由とは何か。ルソーは道徳的自由とも言い換え、「みずから定めた法に服従する」自由だと言う。つまり、ルソーの言う市民的自由とは、現在の私たちの言葉遣いで言うところの〈自律〉に近い。というのも、「欲望のみに突き動かされること」は物に囚われた奴隷と同じ状態とルソーは考えていたからだ。

自然状態から社会状態に移行すると、人間のうちに大きな変化が生じる。人間の行動が本能ではなく正義によってなされることで、人間は今まで欠けていた道徳性を自らの行動に与えるようになる。そしてその時初めて、義務の声が身体の欲望と入れ替わり、そして権利が欲望と入れ替わる。（『社会契約論』第一編第八章）

ここにルソーの政治思想の根幹が端的に表れている。「全ての人々と結び付きながらも、自分にしか服従」しない自律の精神をもった人間たちが生きる空間こそがルソーの考えた理想の社会状態である。それゆえ、ルソーの社会契約論は、所有権や生命を保護することを目的としたホッブズやロックの社会契約とは異なり、人間を市民へと成長させることも目的としているのである。

このような状態を形成する社会契約をルソーは以下のように定式化している。引用しよう。

> 私たちの各人は、私たちの全ての身体と力を一般意志の最高の指導のもとに委ねる。そして、私たちは、皆がともに、各構成員を全体の不可分な一部として受け取る。（『社会契約論』第一編第六章）

ルソーは、ここで自身の社会契約論を非常に凝縮した形で表現している。ルソーの政治思想の最重要概念である一般意志については後で説明するとして、後半の文章について考えてみよう。ルソーの契約は、人々と主権者の間の契約ではない。「皆がともに、各構成員を全体の不可分な一部として受け取る」という文章を理解することは難しい。

別の箇所で、ルソーはこのようにも言っている。「各構成員をその全ての権利とともに、共同体全体に対して全面的譲渡すること」（『社会契約論』第一編第六章）。社会契約によって、各構成員は全ての権利（生命や所有権）を共同体に譲渡することになる。しかし、各構成員は共同体の一部でもあるため、その譲渡した権利は自らに回帰することになる。ここで理解すべきは、社会契約によって生み出される国家の構成員は、二つの顔を持つということだ。つまり、各構成員は、法に従う「国民 sujet」でもあり、同時にその法を作る主権者としての「市民 citoyen」でもある。ルソーが〈人民主権の父〉と呼ばれる理由はこのためである。では、どのような法を市民は作るべきなのか？　その法を作るための道しるべとなるのが一般意志である。

3　一般意志とは何か？

一般意志（volonté générale）はルソーの政治思想において最重要概念と言って良い。それは、社会契約によって生み出される主権者の意志を意味する。非常に難解かつ解釈が難しい概念であるが、ルソーの言葉に沿って考えていこう。

まず、社会契約によってひとつの国家を形成した各構成員は、それぞれの意志を持っている。その意志は個別意志（volonté particulière）と呼ばれる。各人自らの利益関心によってその個別意志は決まる。そして、各構成員の個別意志の総和が全体意志（volonté de tous）と呼ばれる。しかし、この全体意志が一般意志なのではない。「一般意志と全体意志はしばしば異なる。一般意志は共同の利益だけを考えるが、全体意志は私的な利益を考えるに過ぎず、〔各構成員の〕意志の総和でしかない」（『社会契約論』第二編第三章）。つまり、一般意志とは「つねに公益を目指す」意志であり、社会契約によって形成された共同体の各構成が自ら市民（主権者）として振る舞えば一般意志は生まれる、とルソーは考えていた。よって、ルソーは共同体内部の部分結社（たとえば、政党や政治団体）を禁止する。なぜなら、部分結社の意志は個別意志でしかないからだ。「一般意志が十分に表明されるためには、国家のなかに部分結社が存在せず、各市民が自分自身にだけ基づいて意見を表明することが重要である」（『社会契約論』第二編第三章）。

以上をまとめよう。一般意志が生み出されるには二つの条件が必要となる。一つが、部分結社の廃絶。もう一つが、自律した市民の自発的な意見表明である。そして、一般意志から国家の法 loi が生まれる。法とは「国民の意志（＝一般意志）」を記録したものである。しかしここに、ルソーの政治思想の大きな問題点がある。

† 法を記録する立法者

社会契約によって共同体にはひとつの一般意志が生まれる。そして、この一般意志を記録することによって法が生まれる。これがルソーの社会契約論の概略であった。では、どのようにして記録するのか？　もっと言えば、誰が一般意志を記録するのか？　ルソーはその役割を担うものは立法者だと考えていた。

ルソーは一般意志を読み取り、法として記録する者を立法者と考えた。しかし、国家内の各構成員は個別意志を持つに過ぎず、個人の個別意志が一般意志と重なりあうことは非常に稀である。それゆえ、立法者を誰にするかという問題はルソーの政治思想のなかで重要な論点となってくる。ルソーはやや悲壮感を込めて言っている。

> 大衆は自分たちにとって何が善いことなのか理解していることは稀である。それゆえ、自分たちが望んでいるものが何であるかをめったに知らない。そのような大衆がどのようにして立法という困難な事業を自ら遂行することができるだろうか。（『社会契約論』第二編第六章）

各構成員であり、主権者でもある大衆は市民である前に個人でもある。それゆえ、その個人は国家の公益を自らの利益にするよりも、自身の利害関心に沿って行動する。ゆえに、共同体に一般意志があったとしても、個人はそれを理解することができない。「立法者はあらゆる点において、国家のなかの並外れた人間」でなければならないとルソーは言う。私利私欲に生きる「人間の世界」を超越した立法者によって一般意志は言語化された法となる。だが、そのような仕事は誰にできるのか。この点がルソーの社会契約論の弱点である。

4　法の執行者——統治と政府

† 政府の役割

ルソーの政治思想において重要なのが社会契約の考え方、自由の二つのあり方、一般意志概念であった。以上のことは『社会契約論』第一編および第二編で論じられている。そして、第三編からルソーは政体論を論じている。政体論とは、法の執行機関である政府にはどのような形態が存在するかというものである。ルソーにおいては主権者と政府は分離されている。立法権は主権者、すなわち市民に属し、執行権は政府に置かれている。つまり、ルソーは政府を「〔法に従い統治される〕国民と〔一般意志を形成する〕主権者をつなぐ中間団体」と見なし、政府を主権者ではなく、「主権者の下僕」と考えていた（『社会契約論』第三編第一章）。

そして、統治（gouvernement）とは執行権の合法的な行使を意味する。ルソーの政治思想は、統治する者と統治される者に区別して考えられているのではない。一般意志をもつ主権者である市民全体が、政府という執行機関を通じて、自分自身を統治する。この再帰的な構造（自分を自分自身で統治する）こそがルソーの政治思想の他の思想家とは異なるポイントである。

† 政府の形態

政府には主に三つの形態（民主制、貴族制、君主制）が存在する。民主制はいわゆる直接民主主義制である。貴族制は一部の人々が政府を務めることを意味し、君主制（王政）は一人の人間が政府の役目を果たす形態である。ここで注意しなければならないのは、ルソーは最善の政府形態はその国家の市民の数、気質に応じて変化すると考えていたという点である。

ルソーと言えば人民主権および民主主義を基礎付けた政治思想家と私たちは思いがちであるが、ルソーの政府形態論の観点から言えばそれは間違っている。国民の数や気質に応じて政府の形態を変えなければ、主権者と市民の統治は崩れ去ってしまう。「一般に民主制は小国に相応しく、貴族制は中程度の国家に相応しい。そして、君主制は大国にふさわしい」（『社会契約論』第三編第三章）というように、ルソーは一般論を展開している。だが、これはあくまでも一般論であり、ルソー自身が注意しているように、環境や国民の気質、習俗といった様々な要因によって最善の政府のあり方は変化する。

5　市民の形成

† 徳の涵養としての市民宗教

『社会契約論』の最終章である第四編第八章は、市民宗教について論じられている。市民宗教は社会契約を有効なものとして持続させるのに必要不可欠な装置である、とルソーは考えていた。教義としては、神の存在と来世の存在を信じること、社会契約と法が神聖なものであること、そして他の宗教に対して寛容であることといったものであり、非常に簡素な宗教となっている。「純粋に市民的な信仰告白〔=市民宗教〕が必要不可欠である。その信仰告白の箇条を定めるのは主権者である。それは厳密には宗教的な教義としてではなく、社会性の感情としてである。この感情がなければ、良き市民も忠実な国民も存在しえない」(『社会契約論』第四編第八章)。市民同士の繋がりを確固たるものにするために、ルソーは市民宗教の必要性を『社会契約論』の最後で主張しているのである。

しかし、同時に、私たちには理解し難いこともまたルソーは主張している。

主権者はその感情〔=市民宗教としての社会性の感情〕を信じることを誰にも強制できないが、これを信じない者は誰でも国家から追放できる。主権者はこの人間を、不信心な人間としてではなく、非社会的な人間として、法と正義を真摯に愛することができない人間として、そして必要に際して自らの義務に自らの命を捧げることのできない人間として追放できる。(『社会契約論』第四編第八章)

この文章を読めば、私たちはすぐに全体主義といったネガティブなイメージを抱くことだろう。実際に、ルソーは人民主権の祖と言われると同時に全体主義者というレッテルも貼られてきた。非常に両極端な評価をされるのがルソーの政治思想なのである。

先ほどの市民的自由をここで思いだそう。市民的自由とは、法に自ら進んで従う徳高き自由を意味していた。そして、市民的自由について語る際、ルソーは道徳的自由という言葉も使っていた。ルソーが市民宗教を『社会契約論』の最後に位置付けた理由は、人々に対するこの道徳的自由の涵養が重要であったからだ。社会契約と法と正義の大切さをしっかりと把握した市民を形成することの重要性をルソーははっきりと理解していた。

† 市民的教育のゆくえ

自律した市民として自発的に行動する人間をどのように形成するべきなのか。どのような教育がなされるべきか。この問題についてルソーは言及することはなかった。自然の人間を形成するための消極的教育の教科書と謳われている『エミール』（一七六二年）でルソーは以下のように書いている。

> 人間を作るか、市民を作るか、どちらかに決めなければならない。同時にこの両者をつくることはできないからだ。（『エミール』第一編）

そして、ルソーは『エミール』では人間を作る方法について考えぬいた。しかし、市民を形成する方法について口を開くことはなかった。

ルソーは単なるユートピアを夢想した政治思想家だったのだろうか。自らが自らを徳をもって統治すること。

この単純なことが私たち人間にとっては非常に難しい。この困難さを自覚し、それによってのみ最善の社会は誕生するということを説いた最初の政治思想家こそがジャン＝ジャック・ルソーであった。

〔文　献〕

ジャン＝ジャック・ルソー／中山元訳『人間不平等起源論』(光文社、二〇〇八年)
ジャン＝ジャック・ルソー／中山元訳『社会契約論』(光文社、二〇〇八年)
ジャン＝ジャック・ルソー／今野一雄訳『エミール(上)』(岩波書店、一九六二年)
エルンスト・カッシーラー／生松敬三訳『ジャン＝ジャック・ルソー問題』(みすず書房、一九七四年)
ロベール・ドラテ／西嶋法友訳『ルソーとその時代の政治学』(九州大学出版会、一九八六年)

第5章　スミス

■経済的自由主義の定式化

【キーワード】　古典的自由主義、経済的自由主義、共感、公平な観察者、正義、分業、見えざる手、自然的自由の体系

1　はじめに

アダム・スミス（Adam Smith　一七二三―九〇年）の政治思想史における意義は、興隆しつつある商業社会をベースにして、「古典的自由主義」を提示したことである。市場経済のメカニズムとの関わりで社会と政治について考察した点で、その思想は、「経済的自由主義」と特徴付けられる。すなわち、正義のルールが守られる市場の下では、個人の自由な競争が、所得の増加という私的利益のみならず、経済成長という公共的利益も実現するという発想である。

「経済学の父」スミスは、スコットランドのカーコーディに生まれた。グラスゴー大学に進学し、道徳哲学者フランシス・ハチスンに学ぶ（一七三七―四〇年）。「道徳哲学（モラル・フィロソフィー）」とは、倫理学から政治学、文芸批評まで扱う、人間と社会に関わる包括的な学問である。のちに、オックスフォード大学に留学するが（一七四〇―四六年）、その知的な低迷に失望する。それには、当時、スコットランドが文化・学術面でイングランドより先進地だった経緯がある。もともと独立していたスコットランド王国のジェームズ六世がイングランド王位

アダム・スミス

を継承し、イングランド王ジェームズ一世となり、同一君主の下で連合体となるが、独自の政体は維持された。しかし、イングランドが合同法（一七〇七年）でスコットランドを合邦し、グレートブリテン王国が成立する。そこで、スコットランドは、イングランドとその植民地での経済活動の機会を得る一方、政治的独立を失う。

経済的後進地スコットランドが商業大国イングランドと合邦し、いかなる社会的・経済的変化が生じるか、従来の精神的・文化的アイデンティティはどうなるか、これらの問いがスコットランド知識人の関心となる。そこで「スコットランド啓蒙」と呼ばれる思想潮流が生まれ、ハチスン、デイヴィッド・ヒューム、スミスなどの多くの思想家を輩出する。なお、オックスフォード在学中にスミスは、無神論者として批判されることになるヒュームの『人間本性論』（一七三九–四〇年）をこっそり読んでいて叱られたというエピソードも残っている。のちにスミスは、一二歳年長のヒュームと親交を深めただけでなく、共感論・正義論・商業社会論などの様々な点で、思想的な影響を受けた。

オックスフォードからスコットランドに戻ったスミスは、地元有力者の後援もあり、エディンバラ大学で文学・修辞学の公開講義を開講して好評を博し（一七四八–五〇年）、母校グラスゴー大学の論理学講座教授に就任する（一七五一年）。道徳哲学講座に転任したのちも一〇年以上、教鞭をとった（一七五二–六三年）。スミス道徳哲学は四部門に分けられる。第一の「自然神学」は、神の存在や属性の証明、宗教の基礎にある人間精神を探求する。第二の「倫理学」は、『道徳感情論』（一七五九年）として刊行される。第三に、「正義」の原理が実定法にどのように反映されてきたかを歴史的に考察する「法学」であり、学生の講義ノートに基づく『法学講義』がある。第四に、「便宜（＝公共的効用）」の原理に基づく政治的な規制の考察であり、これが「経済学」に相当する。より正確には、スミスの経済学は、社会・市場・政府のあり方を総合的に把握する「ポリティカル・エコノミー（政治経済学）」である。スミスは、ポリティカル・エコノミーと法学を総合し、「法と統治の一般的な諸原理」に関する理論の構築を目指すが、その試みは未完に終わった。

スミスの思想形成に大きな影響を与えたのは、グラスゴー大学を辞職し、バックルー公爵の家庭教師として大陸旅行に同行したことである（一七六四-六六年）。その際に、啓蒙主義を代表するヴォルテールやケネーなどの知識人と交流した。帰国後も思索を重ね、道徳哲学の第四部門の成果として、『国富論』を刊行する（一七七六年）。そしてスコットランドの関税委員として経済政策の実務に携わったことも、スミスの社会・経済認識を深化させた。そして、一七九〇年に没するまで、『道徳感情論』と『国富論』は何度も改訂されたが、彼の経済的自由主義の基本ラインは変わっていない。

2 利己心の正当化と正義の成立

『道徳感情論』でスミスは、「共感」、「適宜性」、「公平な観察者」の概念を用いて、利己心の正当化条件を提示し、正義の成立を説明する。スミスは、人間が他者と感情を共有する事実に着目する。どれほど利己的な人間でも他者の状況に関心を持ち、憐れみや同情などの「同胞感情」を持つ。「共感」とは同胞感情の発生プロセスである。

> われわれは想像力によって自分自身を彼の状況において、彼と全く同じ苦しみに耐えていると想像する。われわれはいわば彼の身体の一部になり、そしてある程度まで彼と同一人物になって、そこから彼の感覚について何らかの観念を形成し、彼の感覚より程度においては弱いとはいえ、その感覚と全く似ていなくもない何かを感じさえする。（第一部第一編第一章）

これが、「想像上の立場交換」を通じて他者の立場に移入し、他者の感情と類似した「共感的感情」を抱くプロセスの説明である。スミス自身は、想像上の立場交換、立場交換の結果として生じる共感的感情、共感的感情と他者のもとの感情の一致、一致の結果として生じる是認の感情、これらの一連の作用を共感と呼ぶ（図5―1）。

共感論は「適宜性」および「公平な観察者」という社会的評価基準と不可分である。個人Aが悲しみ、涙を流すのを観察者Bが目撃する。Aの悲しみをSとして、Bが想像上の立場交換を通じて感じる悲しみS'と比較すると、その強さはS＞S'となる。つまり、共感的感情は当事者のもとの感情より微弱である。ここで、共感する／されることには「相互的共感」の快が伴うため、Aは悲しみを「自己抑制」し、Bは想像上の立場交換をより正確にして共感的感情を高揚させ、完全な共感が成り立つ（＝もとの感情と共感的感情の強さが一致する）よう、お互いに感情を調整する。

感情の相互調整プロセスを繰り返すことで、ある状況における適切な感情の強さについて、「適宜性」の基準が定まる。適宜性とは、状況におけるふさわしさに他

図5-1　スミスにおける共感のプロセス

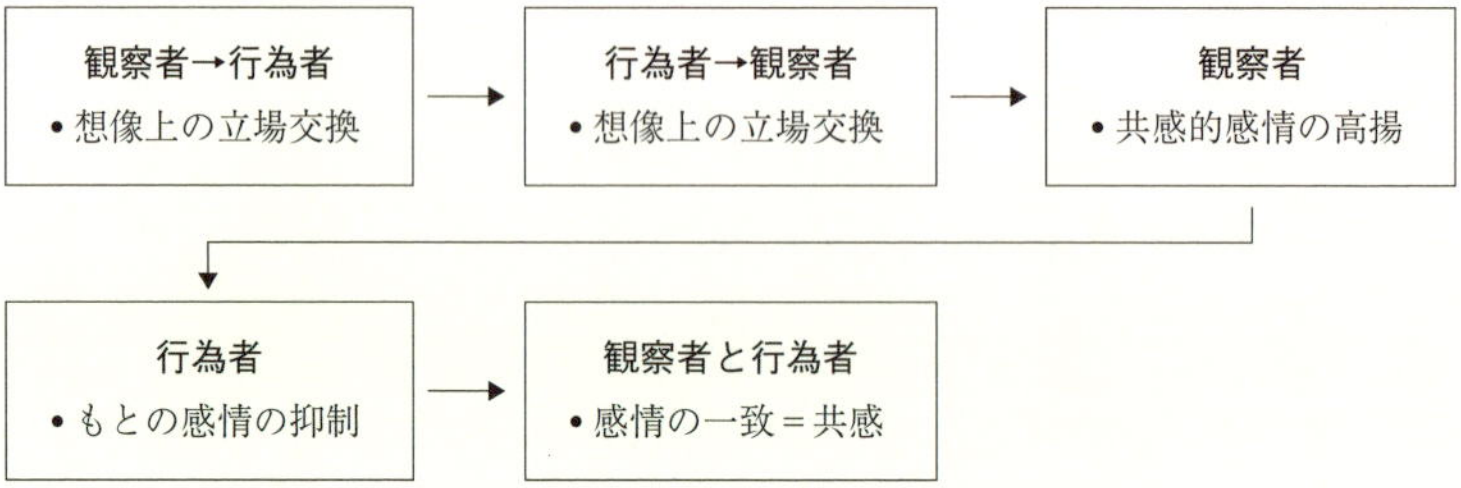

図5-2　スミスにおける正義の生成・適用プロセス

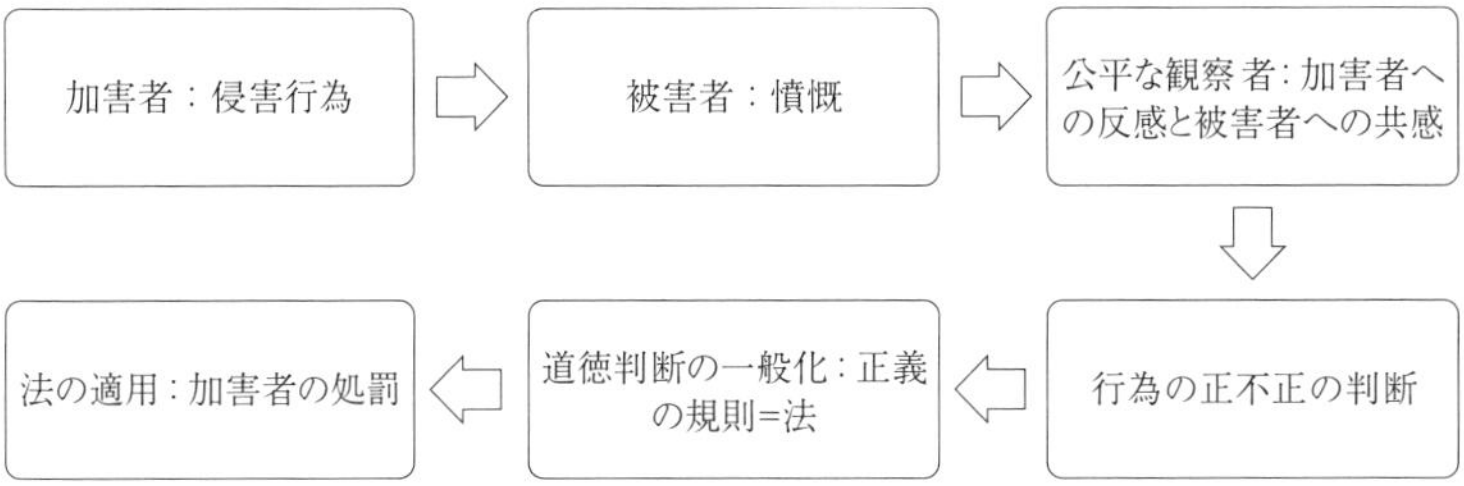

ならない。ただし、利害関係のある当事者が適宜性を判断すれば、判断の客観性がそこなわれる。そこで、ある状況に対して特別な利害関係を持たない第三者、すなわち、「公平な観察者」の観点から適宜性を判断する。こうして利己心は、公平な観察者から共感される程度まで抑制されれば、適宜性を持つものとして是認される。これがスミスによる利己心の正当化である。

スミス正義論で最重要の論点は、「正義」は法で強制できるが、「仁愛」はそれができないという二分法である。正義（＝他者危害の禁止）と仁愛（＝善行）はいずれも、キリスト教社会では重要な徳である。伝統的な徳論に法的強制の可否という観点を明確に導入したのはスミスの貢献である。そして、正義の成立も、共感、公平な観察者の概念によって説明される。

侵害行為に際して我々は、公平な観察者の観点から加害者と想像上で立場を交換し、その動機に共感できず否認する。つぎに、被害者とも同様に想像上で立場を交換し、その「憤慨」に共感して、加害者の行為は「罪責」があり処罰の適切な対象と判断する。この種の判断を帰納的に一般化したのが、正義の一般的規則、つまり法である（図5-2）。正義の規則は、他の道徳の一般的規則とは異なり、文法の規則になぞらえられるほど詳細かつ精密に規定される。

> 富と名誉と地位をめぐる競争の際に、彼は自分の全ての競争相手に勝つために、全力疾走してよいし、全ての神経や筋肉を酷使してもよい。しかし、もし彼が、競争相手のうち誰かを

押しのけたり投げ飛ばしたりすれば、観察者の寛大さは完全に終了する。それは、フェアプレーの侵害であり、観察者が容認しないことである。（第二部第二編第二章）

フェアプレーの最重要項目としてスミスは、生命・身体の保護、所有権の保護、契約の遵守を挙げる。所有権と契約に言及している点で、商業社会を念頭においた正義論であることは明らかである。そしてスミスは正義と仁愛を次のように対比する。人間は、社会の中でのみ生存が可能であり、相互扶助を必要とする。あらゆる人間が利他心から助け合えば快適な社会が実現するが、それは現実的ではない。実際には、社会生活が有益であるという「効用の感覚」を持ち、正義の規則を遵守しさえすれば、社会は存続する。正義が、社会という建造物を支える「主柱」であるのに対して、仁愛は社会をより快適にするだけであり、いわば建物を飾る「装飾品」にすぎない。したがって、社会の存続に不可欠である正義は法的強制が可能であり、仁愛は個人の判断に委ねられる。

3　商業社会の成立

『国富論』第五編第一章・第二章と『法学講義』でスミスは、社会発展に関する「四段階理論」を提示する。それは、生活資料の調達方法の変化に伴い、社会のあり方が発達するとともに、政府形態もより高度に組織化される、という理論である。ここで、政府形態の進化のポイントが、所有・財の概念である。第一に、「狩猟社会」では、生活資料を自然から獲得し、所有の対象は本人が消費・所持できる範囲に限られる。第二に、「牧畜社会」では、家畜の飼育を中心に生活資料を調達する。そして、この段階で、家畜が比較的長期にわたって保有できる財であって、財に対する所有の観念が明確になり、財の不平等が生じる。そこで、富者の所有権を貧者から保護するために、政府が成立する。ただし、これら二つの社会形態は未発達と位置付けられる。第三に、「農耕社会」では、耕作により生活資料を調達し、定住が基本的な生活様式となり、社会の大規模化が進む。

第四に、「商業社会」は、農耕社会より従軍者数が大幅に減少する。農閑期に成年男性を軍事動員できる農耕社会と異なり、商業社会では就業者が従軍すれば収入を失う。また、戦争の大規模化・長期化や軍事技術の改良という事情もあって、商業社会では国防の主体が民兵から常備軍に変化する。そして、商業社会の最大の特徴は、製造業の発達による生産力の飛躍的な向上であり、その原因は「分業」である。『国富論』第一編第一章～第三章でスミスは、分業の効果を次のように説明する。ピンを製造するとき、一人の労働者が全工程を担当すれば、一日に製造できる本数はごくわずかである。そこで、材料の切断や成形などの工程を分割し、複数の労働者に分担させれば、三つの事情により生産力が向上する。一つは、特定の作業に専念すれば、労働者の技能が向上する。もう一つは、一人が全工程を担当すると、ある工程から別工程に移るときに時間のロスが生じるが、分業すればそれを節約できる。最後に、各工程で適切な機械を活用すれば、作業が容易になり、製造時間を短縮できる。かくして商業社会では、生産力が飛躍的に向上し、製造業が発達する。

スミスによれば、狩猟社会から商業社会に至る社会発展の原動力は、人間本性に内在する欲求である。道徳論の文脈でスミスは、「共感する／されることへの欲求」や「称賛願望」を重視する一方、経済論の文脈では、人間が生活の改善に努める事実に着目する。この「生活改善欲求」に加えて、人間は言語能力を活用して他者を説得する欲求（＝「説得欲求」）を持つ。スミスは、分業の原因として人間が交換・取引・交易する欲求を持つことを指摘するが、「交換欲求」と生活改善欲求や説得欲求との関係については明確な判断を保留する。ただし、商取引に際しての価格をめぐる交渉を想起すれば、交換欲求と説得欲求の密接な関連は理解できる。これらの欲求と商業社会との関係の深さについては、『国富論』の中でも、特に有名な一節の中によく現れている。

われわれが自らの食事を期待するのは、肉屋や酒屋やパン屋の善意からではなく、彼ら自身の利害に対する関心からである。われわれが話しかけるのは、彼らの人間愛に対してではなく自己愛に対してである。われわれが彼らに対して、自らの必要性について語ることは決してなく、彼らの利益について語る。(『国富論』第一編第二章)

誰もがある程度まで商人となり、相手の利己心に訴えかけて説得し、お互いの産物を交換することで、日々の生活を営む。かくして、生活改善欲求、説得欲求、交換欲求が原動力となり、社会の形態が進化し、これらの欲求に最も適合的な商業社会が実現する。商業社会では、過剰な利益を追求する態度は、短期的にはともかく、長期的には自分のためにならない。利己心は公平な観察者の共感が得られる程度まで抑制されねばならず、適宜性は商業社会における道徳の基準である。

スミスは、「見えざる手」と「自然の欺瞞」という鍵概念を用いて、商業社会の発展を人間行為の「意図せざる結果」として記述する。「見えざる手」という表現はあまりにも有名だが、『道徳感情論』では一度、『国富論』でも一度しか登場しない。まず、「自然の欺瞞」とは、想像力による目的と手段の取り違えを意味する。スミスによれば、人間の幸福の主要な要素は、健康、負債がないこと、良心にやましさがないことであり、この意味での幸福を得ることは困難ではない。しかし、多くの人間は富者や有力者の豊かな生活を象徴する贅沢品に幻惑され、幸福という目的と、その手段である富や地位を取り違える。かくして人間は、富や地位を追求すべく、勤労に励み、産業と商業を発達させ、科学と技芸の発達に寄与する。この目的・手段の転倒に起因する経済発展の推進メカニズムをスミスは「自然の欺瞞」と呼ぶ(『道徳感情論』第四部第一章)。しかも、自然の欺瞞を通じた経済成長は、必ずしも格差の拡大をもたらすわけではない。

彼らは見えざる手に導かれ、地上が全住民の間で等しい部分に分割されていたときになされていたのとほとんど同じように生活必需品を分配する。かくして彼らは、それを意図することもなく知ることもなしに、社会の利益を推進し、種の繁栄に対する手段を供給する。(第四部第一章)

スミスによれば、食べたい物があっても食欲に限界があるように、人間の欲求充足能力は欲求そのものに比べてはるかに小さい。富者は貧者に比べて、生活必需品の消費量が圧倒的に多いわけではなく、むしろ高価で洗練されたものを消費する。富者の奢侈的生活には、貧者の生産労働が必要であり、結果的に貧者の生活も成り立つ。しかし、富者は貧者のためにそうするのではなく、その動機は自己利益である。なお、『国富論』第四編第二章においても、資本所有者が投資先を選択する際に、自分にとって有利な投資先(すなわちリスクの少ない国内産業)を選択することで、意図せず結果的に国富の増大に貢献することを説いた文脈に、「見えざる手」という表現が登場する。

4　商業社会における政府の役割

『国富論』でスミスは、商業社会における政府の役割を論じるに当たって、「事物の自然な成り行き」という形で経済成長の本来のあり方を提示し、それに逆行する「重商主義」を批判する。そのうえで、「自然的自由の体系」を可能にするための政府の役割を論じる。「事物の自然な成り行き」とは、資本の投資される順序であり、農業、製造業、海外貿易の順に投資されるのが本来の順序である。この順序は、生活必需品の供給に役立つこと、事業そのものや投下資本に対するリスク、そもそも人々が土地に愛着を感じるという事実、以上の理由に基づく。そしてこの順序で投資することにより、各国の生産物が増大し、富裕化が自然に進展する。

スミスにとって、一国の富とは、その国の労働生産物（必需品と便益品）であり、重要なことは労働生産性を向上させることと、国民の購買力を高めること（利用できる必需品と便益品を増やすこと）である。これに対して、重商主義とは、一国の富をその国が保有する貨幣量とみなす。そのため、貿易黒字の拡大を目的として、輸出の奨励、輸入の制限、植民地の拡大が政策の三本柱となる。重商主義の背景には、ヨーロッパ諸国がアメリカ大陸などで展開していた植民地貿易がある。スミスの重商主義批判のポイントは二つある。第一に、イギリスにとって、アメリカ植民地の維持コスト（とりわけ軍事費）は膨大で、植民地貿易の利益では割に合わない。第二に、植民地貿易による既得権層とその支持を受けた政府が推進している。それゆえ重商主義は、特定階層の利益のみ保護する政策であって、国民全体の利益に資する政策でなく、事物の自然な成り行きに反する。重商主義政策の一環として実施される政策や規制を撤廃すれば、健全な商業社会が実現する。

それゆえ、特恵を与えるかあるいは制限を加える全ての体系が完全に除去されるならば、明白で単純な自然的自由の体系が自ずと確立される。全ての人は、正義の法を犯さない限り、思い通りに自己の利益を追求することや、自らの労働や資本を持って他のいかなる人、あるいはいかなる階級の人の労働や資本と競争することを、完全に自由に許されている。（第四編第九章）

スミスは政府の役割について二段階の議論を提示する。まず、未発達の社会から経済力のある商業社会へと発展するために必要な政府の役割は、国内の平和を保ち、政府支出の財源として軽い税を徴収し、正義の法を執行すればよい。ただし、自然的自由の体系が実現された状態を維持するには、政府は一定の公共事業を実施しなければならない。

自然的自由の体系によれば、主権者が注意すべき義務は三つだけである。確かに、これら三つの義務は極めて重要だが、普通に理解できる分かりやすく単純なものである。第一に、その社会を他の独立社会による暴力や侵略から保護する義務である。第二に、その社会の全ての成員を同じ社会の他の全ての成員による不正義または抑圧からできるかぎり保護する義務、つまり、厳格な司法行政を確立する義務である。第三に、一定の公共事業および公共施設を設立し維持する義務である。（第四編第九章）

国防、司法、公共事業が政府の役割となる理由は次のとおりである。国防は、個人の自発性に委ねると、優秀な軍人を十分に確保できないからである。司法行政の中でも特に重要なのは、所有権の保護と契約の遵守である。これらは、商業社会の安定性・持続性を確保するために、政府の役割となる。公共事業に関しては、社会全体の利益になるとはいえ、実施・維持コストを一個人・企業が負担するのは不可能である。スミスの考える公共事業とは、第一に、道路や橋など経済活動を促進する社会資本の整備である。第二に、公共施設には、国防や司法行政に活用する施設も含まれるが、スミスは、公共の教育施設の意義を説く。これは、商業社会の健全な発展のためには、読み書き・計算などの初等教育が有効であり、また、労働貧民のさらなる貧困化を防ぐためにも教育が有効であるという現状認識に基づく指摘である。

では、一般にいう経済政策はどのような位置付けになるのか。スミスは、富の増大を促進する制度・規制の制定という形で一定の経済政策を認める。しかし、これは市場への積極介入を意味するのではなく、先に述べた商業社会に資する公共事業や公共施設の設立・維持と、富の増大を阻害する（当時の文脈では重商主義的な）制度・規制の撤廃、これらに限られる。スミスが政府の役割として考えているのは、こういった経済政策も含めて、健全な商業社会を可能にするための制度設計・環境整備である。

近代政治思想で重要な争点の一つである政治的義務、すなわち人々が政府に従う根拠の問題を論じるために、『法学講義』でスミスは、「権威の原理」と「功利の原理」を導入する。まず、人間には年齢、能力、家柄、富の点で自分より優れた人に権威を感じ、その人に従う傾向にある。つまり、権威の原理とは、たいていの人々が政府に従う心理的メカニズムである。これに対し、功利の原理とは、政府に従うべき規範的根拠である。それによると、確かに、違法行為や政府への反乱が自己利益と合致するように見えることもあるが、法制度は最貧者さえも強者による侵害から保護する。それゆえ、人々には、政府があらゆる成員の安全を保障するという公共的な功利性ゆえに、政府に従う義務がある。

なお、スミスの統治論は制度・機構論の側面が強いが、『道徳感情論』では「体系の人」批判という形で、為政者の理想像が提示されている。スミスによれば、政府の良し悪しは公共的効用、すなわち「人々の幸福を促進する傾向性」によって評価されるが、為政者は必ずしも人々の幸福に配慮するとは限らない。なぜなら、巧みな統治機構を構想することそれ自体が快く、為政者はしばしば理想の統治機構の設計に夢中になるからである。このような為政者、すなわち「体系の人」は、個人の自律性や個別性を考慮せず、個人を社会というチェス盤上の駒のように扱い、世論や慣習さえ無視して既存の統治機構を急激に変革する。これに対し、理想の為政者とは、人々の幸福に配慮する人間愛に基づく公共精神を備え、世論や慣習に配慮しつつ漸進的な改革を進める為政者である。

5　商業社会における富と徳

スミスは、「道徳感情の腐敗」や徳の衰退という商業社会の負の側面を認識し、その対応策として商業社会の自己調整能力に加え、教育という制度的対応を考えていた。当時はスミスに限らず多くの思想家が、商業の発展に伴って人々が公共精神や徳を失いつつあるという問題を論じていた。この「富と徳」という問題をめぐっては、富の蓄積と生活水準の向上を是とする商業社会擁護論と、商業社会の負の側面を克服する理念として公共精神や市民的徳を称賛する議論が対立する。なお、後者の議論は、現代政治哲学における共和主義やシヴィック・ヒューマニズムの源流である。

まず、『道徳感情論』でスミスは、「道徳感情の腐敗」は主に、生活水準が中流・下流の人々に見られる現象だと指摘する。具体的には、人々が公平な観察者の立場から適切な道徳判断ができなくなる結果として、道徳の一般的規則に反するようになる現象である。もともと人間が持っている富者や有力者に追従する傾向に加え、商業社会で活性化される野心や貪欲という利己的な情念が、富や地位の追求を促し、道徳が二の次にされる。この問題についてスミスは、「財産への道」と「徳への道」が両立するかという形で考察を深める。人間には称賛願望があり、他者からの称賛を得るために、何かを成し遂げようという野心を持つ。世間から称賛を得る方法は、二つある。一つは、「知恵と徳」を身につけることであり、もう一つは、「富と地位」を得ることである。一般に、ある人の知恵や徳などの資質は内面的で分かりづらく、富や地位は外見的で分かりやすい。それゆえ、人は野心や貪欲にかられ、徳への道を放棄し、財産への道を追求する。この道徳感情の腐敗に対する解決策としてスミスは、市場の自己調整能力に期待を託す。正義、誠実（約束を守ること）、節約などの徳性は、経済的な成功をおさめるのに役立つ資質である。それゆえ、短期的にはともかく、中長期的には、中流・下流の人々において（理論的には）財産への道と徳への道が一致し、道徳感情の腐敗を克服できる。

つぎに、徳の衰退という問題は内容上、道徳感情の腐敗と関係するのだが、『国富論』でスミスは、分業の進展に伴って、労働貧民や未熟練労働者などの生活水準が下流の人々が、知的・社会的・軍事的徳を失う危険性を指摘する。分業が進むと単純作業が増えて、労働者は物事を多面的に把握する必要がなくなり、洞察力などの知的資質が減退する。また、単純作業を継続することは、精神の活力や対人関係能力もそこない、社会生活における様々な判断能力も十分に機能しなくなる。更に、下流の人々が公共の利益について適切に判断できる可能性は低いし、単調な生活に慣れると、不規則で危険を伴う国防に従事する意欲は消失する。このような分業による徳の衰退は、政府が防止策を講じない限り、必然的に生じる現象である。この防止策が、先に政府の役割の箇所で述べた、公共の教育施設の設立・維持である。分業による徳の衰退という商業社会の負の側面は、自然的自由の体系が実現するプロセスからの逸脱であり、政府が公教育という最低限の制度的対応をすれば、本来のプロセスは実現可能であるというのがスミスの見解である。

徳の衰退という問題の中でも当時とりわけ議論が盛んであった、公共精神や市民的徳の問題について見ておこう。この問題をめぐっては、スコットランド啓蒙思想家の間では、常備軍と民兵に対する評価が争点の一つであった。その背景には、商業社会で人々が公共的な事柄に携わることを避けたり、あるいは国防に従事する「尚武の精神」を失っているという事情があった。それに加えて、名誉革命の際に追放されたスチュアート朝の支持者によるジャコバイトの乱への対応をどうするかという防衛問題も現実的な背景であった。基本的には、商業社会に批判的な論者と、民兵擁護論者はおおむね重なっている。その議論によると、人々が自発的に国防に従事する民兵の方が、個人の自由をそこなわない点で望ましい。更に、民兵を活用することは、商業社会で失われつつある公共精神や市民的徳を取り戻すきっかけにもなる。このような発想は、人々が国防や政治といった公共的な事柄に携わることを推奨する点で、現代の共和主義やシヴィック・ヒューマニズムの源流の一つでもある。

スミスは常備軍と民兵の問題について、技術革新、分業、規律という観点から分析している。火器の発明によって、戦争の様相は一変して個々の軍人の技量に頼れなくなり、規律のある常備軍の存在意義が高まった。また、社会・経済的効率の観点からしても、生産労働従事者と非生産労働者の社会的分業として、後者（地主、貴族など）が常備軍を率いる方が合理的である。その反面、国防の観点からすると、国民の士気を高める手段として民兵は有効であるし、コスト（軍隊の維持費）の面からも、民兵を活用して常備軍の規模を小さくすることは合理的である。全体としては、合理性の観点から常備軍の必要性を前提としつつ、商業社会の腐敗への対応という観点から常備軍を補完する形で民兵を活用する方法もあるというのが、スミスの見解である。

以上のようにスミスは、商業社会の中で個人の自己利益の追求が意図せざる結果として公共的利益を実現するメカニズムを考察していた。確かに、当時の重商主義に対する批判を見る限りでは、自由放任、小さな政府というラベリングも、あながち誤りとはいえない。しかしスミス自身は、自然的自由の体系という健全な市場経済が機能するためには、一定の環境・制度が必要なことを説いている。誠実さや遵法精神と営利活動が一致するような市場環境、国防・司法はもちろんのこと、社会資本の整備や公教育の実施といった政府の制度設計、これらが18世紀イギリスという文脈の中で健全な市場経済を目指したスミスの経済的自由主義の核心である。スミスの経済的自由主義は、小さな政府、市場原理主義、ネオ・リベラリズムなどの元祖である、としばしば言われる。しかし、当時と現在では、実体経済と投機経済のバランスを始めとする市場経済のあり方や、その他の社会的背景も大きく変化しており、スミスの議論を現在に直接あてはめるわけにはいかない。スミスの思想に対する現代的な評価は分かれるとしても、スミスが市場経済という現実の社会的要因に関する考察と、統治や徳に関する規範的な考察を結び付けた点は評価に値する。

〔文　献〕

アダム・スミス／水田洋訳『道徳感情論（上・下）』（岩波文庫、二〇〇三年）
アダム・スミス／水田洋監訳、杉山忠平訳『国富論（1〜4）』（岩波文庫、二〇〇〇–二〇〇一年）
アダム・スミス／水田洋訳『法学講義』（岩波文庫、二〇〇五年）
アダム・スミス／水田洋・篠原久・只腰親和・前田俊文訳『法学講義一七六二–一七六三』（名古屋大学出版会、二〇一二年）
田中正司『アダム・スミスと現代— 市場経済の本来のあり方を学ぶ〔増補版〕』（御茶の水書房、二〇〇九年）

田中秀夫『原点探訪　アダム・スミスの足跡』（法律文化社、二〇〇二年）
柘植尚則「アダム・スミス」松永澄夫編『哲学の歴史6　知識・経験・啓蒙』（中央公論新社、二〇〇七年）
堂目卓生『アダム・スミス――「道徳感情論」と「国富論」の世界』（中公新書、二〇〇八年）
水田洋『アダム・スミス――自由主義とは何か』（講談社学術文庫、一九九七年）
D・D・ラフィル／生越利昭・松本哲人訳『アダム・スミスの道徳哲学――公平な観察者』（昭和堂、二〇〇九年）

第6章 カント
■「啓蒙」と「世界市民」

【キーワード】 啓蒙、自律、自由、理性の公的使用／私的使用、敵対関係、非社交的社交性、世界市民、国家連盟、世界共和国

1 はじめに

イマヌエル・カント（Immanuel Kant 一七二四―一八〇四年）の政治哲学は必ずしも体系的に展開されているわけではない。カントは、理論哲学としては一七八一年に『純粋理性批判』（第二版は八七年）を、実践哲学としては一七八五年に『人倫の形而上学の基礎づけ』、八八年に『実践理性批判』を、そして理論哲学と実践哲学をつなぐというモチーフのもと、美と目的を扱った『判断力批判』を一七九〇年に出版した。カントが国家や、国際政治、歴史についてどのような考えをもっていたのかを示唆するテクスト群は、いわゆる「批判期」から晩年にかけて集中的に書かれている。すなわち一七八〇年代から九〇年代にかけてである。その中でも重要なのが『永遠平和のために』『世界市民的見地における普遍史の理念』『理論と実践』『人倫の形而上学』である。

2 時代背景

カントが政治哲学に関わる著作を発表した一七八〇年代前後から九〇年代とは、世界史的事件が立て続けに起こった時期と重なる。既に七〇年代、『純粋理性批判』の刊行の五年前である一七七六年には、アメリカ独立宣言が発布される。王政でもなければ立憲君主制でもない、いわば純粋な共和制が近代に出現したわけである。しかしこのアメリカでの革命は、植民地という、王が直接そこに居合わせることのない場所で起こったため、もちろん大量の血は流れたものの、王そのものの首がはねられるといった事態には至らなかった。

イマヌエル・カント

こうした新大陸での政治上の「革命」が、カント自身の用語法に直接の影響を与えたかどうかは定かではないが、時代の雰囲気として、この言葉自体は、彼が自分の哲学の革新的な立場を言い表す際にも用いられている。『純粋理性批判』第二版が出版された二年後、一七八九年七月一四日にはフランス革命が勃発した。カントはその一月後、当時の著名な哲学者フリードリヒ・ハインリヒ・ヤコービに送った書簡の中で、早くもフランス革命に言及し、それを「ヨーロッパの危機」と呼んでいる（一七八九年八月三〇日ヤコービ宛書簡）。

ところでカントの生きた時代は啓蒙という観点からすると、大きく二つに分けることができる。

第一に、フリードリッヒ大王（在位一七四〇-八六年）によるプロイセンの強国化・近代化と、代表的な啓蒙専制君主であった大王の庇護による国内での啓蒙思想・自由主義の進展がみられた時期である。この時期は基本的に啓蒙の高揚期と考えることができる。

第二に、大王死後、プロイセン王に即位したフリードリッヒ・ヴィルヘルム二世（在位一七八六–九七年）の治世下であり、これは一七八八年の司法大臣ヴェルナーにより出された宗教的自由を抑制する勅令に代表されるように、啓蒙思想にブレーキがかけられた時期である。この時期は相対的に啓蒙が停滞した時期と考えることができる。

フランス革命の勃発は啓蒙思想へのこうした警戒をさらに強めさせた。ドイツ観念論の代表的人物、ヨハン・ゴットリープ・フィヒテ（一七六二–一八一四年）が一七九二年に匿名出版した宗教論的著作『あらゆる啓示批判の試み』は、カントが検閲を回避しようと匿名で書いたものなのではないかという嫌疑がかけられた。またカント自身の宗教論的著作『たんなる理性の限界内の宗教』（一七九三–九四年）についても、その原形の一部となった論文について、一七九二年に印刷不許可の処分が一旦下っている。また一七九四年には、宗教に関しカントが講義、執筆を行うことを禁じる勅命が下り、彼はそれに従わざるをえなかった。

カントの政治哲学的テクストはこうした二つの時期にまたがっており、そうした時代の雰囲気とその動向が、内容にも少なからず反映されている。

3　啓蒙、理性の公的使用と私的使用

一八世紀啓蒙主義を代表する著作である『啓蒙とは何か』（一七八四年）には次のような文言が登場する。「啓蒙とは人間が自分に責めがある未成年状態から脱出することである」（『啓蒙とは何か』）。

ドイツ啓蒙自体は、カントだけではなく、ヴォルフやトマジウス、ゴットシェット、レッシング、メンデルスゾーンといった先行者や同時代人たちの思想の流れの中で成長してきたものである。

カントは同書で次のように述べている。「未成年状態とは、他人の指導なしには自分の悟性を使用する能力がないことである。自分に責めがあるとは、この未成年状態の原因が悟性の欠如にではなく、他人の指導がなくても自らの悟性を使用する決心と勇気の欠如にある場合、その未成年状態は自分に責めがある、という意味である」（『啓蒙とは何か』）。この記述には二つのことが前提にされている。つまり、第一に、否定的なかたちではあれ、全ての人間が自分を律する心的能力を備えているという普遍性である。第二にそうした自分の能力の発揮を妨げているくびきからの脱出そのものも本人の意志ひとつに委ねられているという自律性である。人間理性の普遍性と自律性、これこそがカントの哲学の中核を形成し、啓蒙思想の通奏低音を成している。

さて、『啓蒙とは何か』というこの小さな論文は、この前年から刊行が開始された雑誌「ベルリン月報」に掲載された。「雑誌」という定期刊行物にこうした学術的な論文が掲載されるということ、それ自体が非常に啓蒙期的な出来事である。学問の舞台は次第に成長しつつあった市民階級を読者層として巻き込むことになり、学者間の論争はかつてのようなサロンや書簡——前世紀である一七世紀において、学者間の往復書簡はサロンで読み上げられるのが前提として書かれており、自分の自然科学的発見の優先性を示したり、限定されてはいるが一定の公共性をもって哲学議論を展開したりするといった機能をもっていた——にとどまらず「雑誌」という新しい舞台の上で行われることになるからである。一八世紀ドイツは、ドイツにおいて出版文化が花開いた時代でもあった。

この書物には「理性の公的使用」と「理性の私的使用」という有名な対概念が登場する。「理性の公的使用」とは「ある人が読者界（Leserwelt）の全公衆を前に、学者（Gelehrter）として理性を使用すること」である。これに対して「理性の私的使用」とは、「ある委託された市民的地位あるいは官職において自分に許される理性使用」である。こうした「読書界」が想定しうるのは、背景に上述の出版文化とそれに伴う公共性の変化があるからである。

このカント的区分は、近代的社会生活の二重性、言いかえれば義務の二重性を表現しているともいえる。聖職者は、教会に属する限り、自分の教会のシステムと規則に従って信徒に説教するという義務を持つ。官僚は、役所に属する限り、自身の組織に服従し職務を遂行するという義務を持つ。この意味での理性使用は「理性の私的使用」である。理性はこの場合、教会のシステム、官僚制のシステムの目的を実現するために用いられるのであり、自由な議論といったものは場合によって不要であるか、制限されることが許される。

しかしこうした制約は、その聖職者、あるいはその官僚のもつもう一つの姿、つまり組織を離れた世界市民として、彼らが思想を表明することを一切禁じたり排除するものではない。その意味で「自身の理性の公的使用はつねに自由でなければならない」（『啓蒙とは何か』）。人間は常にこうした二重性を生きねばならない。教会に属する聖職者、役所に属する官僚にとって、自分たちが語りかける相手、自分たちが義務を負うべき相手は、話すときに目の前にいる相手とは限らない。彼らは、時に、目の前の人間を超えて、いわば世界に向けて語らねばならない。すなわち教会や官僚制といった「機構の部分をなす人が、同時に自身を公共体全体の成員と、否、それどころか世界市民社会の成員と見なす限り、すなわち書物を通じ、本来の意味における公衆に語りかける学者の資格においてそうする限り、その人はもちろん議論することが〔…〕可能である」（『啓蒙とは何か』）。

4 カントの「歴史」観

さて、ではカントは、自分が哲学的実践を行っている彼にとっての「現代」を、いかなる時代として認識していたのだろうか。「もし〈われわれは現在啓蒙された時代に生きているのか〉と問われるならば、〈そうではない、しかしおそらく啓蒙の時代を生きている〉と答える」(『啓蒙とは何か』)。啓蒙は一つの過程である。カントが生きる「啓蒙の時代」――これをカントは「フリードリヒの時代」(同書)と称し大王を称えるのだが――は、確かにかつての未開の状態を抜け出しつつあるが、宗教を一つとってもそれは開化の途上にある。そしてこの啓蒙のプロセスは前進の方向性を基本的に保ちつつも、高揚と停滞、場合によっては退潮――実際それは大王死後に現実化した――を含む、一直線とはいえない過程である。

『啓蒙とは何か』の一か月前、「ベルリン月報」に掲載した論文、『世界市民的見地における普遍史の理念』(一七八四年)では、こうした思弁的な歴史過程が理念として示されている。

この論文は九つの命題から成るが、その第一命題は「被造物の一切の自然素質は、いつか完全かつ合目的的に展開されるよう定められている」と目的論的な考え方を導入するものであり、続く第二命題は「人間(地上で唯一の理性的被造物としての)において、理性の使用をめざす自然素質が完全に展開しうるのは、ただその類(Gattung)においてだけであって個体(Individuum)においてではないだろう」というものである。この第二命題では、第一命題で一般的に「被造物」と言われていたものが、「人間」へと限定され、しかも「類」としての人間、すなわち人類が、歴史におけるいわば主体であることが示される。この指標となっているのは「理性」である。

特に注目すべきは、カントの「敵対関係 Antagonismus」の思想、そして「非社交的社交性 ungesellige

Geselligkeit」という概念が導入される第四命題である。「自然のあらゆる素質の発展を成立させるために自然が使用する手段は、社会における自然素質の敵対関係であり、しかもそれはこの敵対関係が最後には社会の合法則的秩序の原因となる限りにおいてのことである」。

カントは一般には、いわば理念の人とのみ理解されがちであるが、この「敵対関係」の思想には、彼の持つ一種の歴史的現実感覚が反映されている。歴史の過程は、一直線に理念の実現に向けて進んでいくようなものではない。むしろ経験的にわれわれが知りうる歴史に目を向ければ、そこには人間と人間を引き裂き、富や名誉、競争へと駆り立て、最悪の場合には戦争へと至らせるような、分断的傾向が見られる。しかしそれは分断のみに終わるものではなく、人間をして社会の形成へと駆り立てるような、相反する傾向も含んでいる。こうした相反しつつ相関する二つの傾向――カントはこれを「非社交的社交性」と呼ぶ――は、人間をしてその素質を全面的に開化させるよう仕向けるのである。

こうした歴史論は、第五命題以降、急速に政治哲学へと接続していく。第五命題は「人類にとって、その解決を自然が迫る最大の問題は、普遍的に法を管理する市民社会を実現することである」と言われる。この市民社会が保証するのが第五命題内で登場する「外的な諸法のもとでの自由」であるとされ、後の著作、たとえば『人倫の形而上学』では『法論』の対象とされるものである。

続く第六命題は、市民社会の実現という問題について、「この問題は最も困難な問題であり、そして人類により最後に解決される問題である」とされ、人間の利己性が俎上に載せられ、さらに第七命題では「完全な市民的体制を設立するという問題は、合法則的な対外的国家関係という問題に依存しており、この後者の問題を抜きには解決されえない」として、「敵対状態」や「非社交的社交性」の概念が、たんに一国家のような一つの共同体の立ち上げのみならず、国家間へと拡張されて適用されることになる。ここに後の『永遠平和のために』や『人倫の形而上学』で展開される世界市民論の一端をみることができる。

第八命題は「ひとは人類の歴史全体を、自然の隠された計画の遂行と、すなわち、全ての素質を人類において完全に展開しうるような唯一の状態として、内部的に国家体制を完全に実現し、またこの目的のためにさらに外部的にもこれを完全に実現するような、自然の隠された計画の遂行と見なすことができる」として、第一に国家というレベル、第二に国家間というレベルでの法の支配が、自然の意図であると語る。

最後の第九命題、すなわち「普遍的世界史を、人類における完全な市民的統合を目指す自然の計画というものに従って論じようという哲学的試みは、可能であると見なさねばならず、かつそれ自身この自然の意図を促進するものと見なさねばならない」という文言は、『世界市民的見地における普遍史の理念』という著作そのものの正当性を強調しつつ、これを締めくくるものである。

さて、以上のような目的論的な命題群は、文字通り「理念」として提示されたに過ぎず、その哲学的な位置付けについては、カントが一七九〇年の『判断力批判』――詳細はアーレントの章に譲るが、彼女はこの『判断力批判』で展開されている判断力の概念を、政治哲学的に読み換えたのであった（ハンナ・アーレント『カント政治哲学講義録』）――で展開する「目的論的判断力の批判」を待つしかないわけだが、内容的にはそれとは別に、『人倫の形而上学』や『永遠平和のために』といった著作へと引き継がれていく。

5　法と道徳の分離、カントの国家観、抵抗権

『人倫の形而上学』（一七九七年）は、法哲学的問題を扱った第一部『法論の形而上学的定礎』（以下『法論』）と、倫理学的部門である第二部『徳論の形而上学的定礎』（以下『徳論』）から成る。『人倫の形而上学』に先立つこと、

既に八〇年代の時点で、カントは『人倫の形而上学の基礎づけ』および『実践理性批判』の両著作により、道徳についてはその究極的な原理を確立している。しかし法の本質については全面的に展開してこなかったわけである。法については上述『法論』に加えて、それに先立つ一七九三年の著作『〈それは理論では正しいだろうが、実践では役に立たない〉という俗言について』（以下『理論と実践』と略称）という著作が重要である。

まず法と道徳の区別が問題になる。カントによれば「適法性 Legalität」と「道徳性 Moralität」の区別がその鍵となる。前者は外面に、後者は内面に関わる。そして前者のみが法の対象となる。「行為の動機を顧慮しない、法則と行為のたんなる一致あるいは不一致は、適法性（合法則性）と呼ばれる。他方、法則に基づく義務の理念が、同時に行為の動機でもあるそれらの一致は、行為の道徳性（人倫性）と呼ばれる」（『人倫の形而上学』序論Ⅲ）。

では法とは何か。カントが「法の普遍的原理」と呼ぶのは次のようなものである。「〈あなたの選択意志の自由な行使が、だれの自由とも、普遍的法則に従って両立しうるように、外的に行為せよ〉」（『法論』序論C）。法はこの意味で、外的な自由の実現と軌を一にしている。ただしそれは自由の制限というかたちで実現されることになる。『理論と実践』では次のように言われている。「法とは、各人の自由を、あらゆる人の自由と調和するような条件へと——その調和が普遍的法則に従って可能となる限りで——制限するものである」（『理論と実践』Ⅱ節）。法は、さらに公法と私法に区分されるわけだが、政治哲学との関係で特に重要となるのは公法である。「公法とは、こうした一貫した調和を可能にする外的な法の総括である」（『理論と実践』Ⅱ節）。

公法は強制を含む。そしてこの強制を担保するのは、市民的体制である。市民的体制を欠く場合、公法は強制を、すなわち実際的な力を失い、結果、人間の外的自由は不安定化することになる。「他人の選択意志により自由が制限されることはみな強制と呼ばれるのであるから、結果、市民的体制とは自由な人間、とはいえ（他人との結合の全体における自由はともかく）やはり強制法のもとにあるような、そうした自由な人間たちの関係である」

（『理論と実践』Ⅱ節）。こうした強制を経由した自由の実現は、理性によるものなのだが、具体的にはある種の社会契約論を通じて説明されることになる。カントにも、ホッブズやルソーと同様、社会契約論が存在するが、それは独特なものである。

『人倫の形而上学』では自然状態と社会契約が次のように説明される。「だれもが勝手に振る舞う自然状態から抜け出し、他の全ての人々とともに（相互作用の関係に入ることが避けられない人々とともに）、公的法則の外的強制に従うべく統合しあわなくてはならない〔…〕ということ、それはすなわち「市民状態」に入らねばならない、ということを意味する。こうした理性に基づく社会契約の結果、人間の外的権利関係は公法という理性的法秩序の下に入ることになる。このような強制を伴う法秩序においてのみ、人間の権利は確保されることになる。

ではわれわれには、こうした公法的法秩序の一切を、それが悪と見なしうるがゆえに覆すような権利があるだろうか。すなわち「抵抗権」の問題である。この権利に関するカントの評価は否定的なものである。『法論』においてカントは明確に「国家の立法を行う統治者に対してなされる、人民の適法的な抵抗というものはない」と言い切っている（『法論』「公法」一般的注解A）。カントの考えでは、およそ法的状態というものが可能であるのは、統治者がもつ、「普遍的に立法する意志」（同）へ服することを通じてのみであるがゆえに、君主への反乱、ないしその討伐は、それがいかなる理由をもっているとしても、法というものがそもそも依って立つところの基盤そのものを致命的に破壊してしまうことになる。

カントは君主の「殺害 Ermordung」ですら、正式な手続きを踏んで行われる「処刑 Hinrichtung」に比べればましだと述べている（『法論』「公法」一般的注解A原註）。「殺害」は、君主の反撃に対する恐怖心からなされる行為であって、法から見ればあくまで例外ともいえるものであるわけだが、「処刑」は――カントは清教徒革命の最中「処刑」されたチャールズ一世（一六四九年没）と、『人倫の形而上学』の四年前、一七九三年に合法的に「処刑」されたルイ一六世の名前を挙げている——法というものの存立基盤を完全に覆し、自己自身と深刻な矛盾に陥るがゆえに、われわれを戦慄させることになるのである。

6 永遠平和の理念

以上は国家法のレベルの話であるが、同様の論理は国家間にも適用されることになる。『永遠平和のために』（一七九五年）、および『法論』を見ておこう。

さて、もし「戦争への権利」というものが各国にあり、それが国際法と呼ばれるものの内実を形成しているのだとすれば、最終的には何が各国を待ち受けているか。「このような（戦争への権利としての国際法という）考えをもった人々は、互いに消耗、殺戮しあい、それゆえ永遠平和を広大な墓の中——その墓とは一切の暴力行為の惨禍を、それを生み出したものとともに覆い葬るところの広大な墓——に見出す、ということが当然生じる」（『永遠平和のために』第二確定条項、強調は引用者）。

つまり『永遠平和のために *Zum ewigen Frieden*』というタイトルには二重の意味が込められている。

第一には、単なる戦争状態の中断や、国際政治における権謀術数としての休戦といったものではなく、また経験的、歴史的事実から引き出される平和論でもなく、理性を通じて永遠の平和を構想するならば、それはいかなるものでならねばならないか、その条件についての考察、という文字通りの意味である。

しかし第二には、この「永遠平和のために」は、墓場に掲げられる文言として読まれねばならない、ということである。お互いを殺し合い、その死をもって静寂が訪れるというかたちでの「永遠平和」である。その意味でわれわれはどちらの「永遠平和」をとるのか、という岐路に立たされていることになる。

『永遠平和のために』は以下の六つの「予備条項」を含む。第一予備条項「将来の戦争への秘密留保とともに締結された平和条約は、平和条約と見なされるべきではない」。第二予備条項「独立して存続しているいかなる国家（大小は問題とはならない）も、他の国家によって、相続、交換、買収、あるいは贈与により、獲得されうるべきではない」。第三予備条項「常備軍は時がたつとともに全廃されるべきである」。第四予備条項「国家の対外紛争に関してはいかなる国債も発行されるべきではない」。第五予備条項「いかなる国家も他国の体制や統治に暴力的に干渉すべきではない」。第六予備条項「いかなる国家も他国との戦争に際し、将来の平和における相互信頼を不可能にしてしまうにちがいないような敵対行為を許容するべきではない。すなわち暗殺者や毒殺者の任用、降伏協定破棄、戦争相手国内での裏切りの教唆等である」。

このうち第一、第五、第六予備条項に関しては、直ちにその履行が求められるものであるが、第二、第三、第四予備条項については、ある程度の延期が認められている。

ところでカントは人間が社会的関係を取り結ばなければならないことの必然性を、地球の形状という一風変わった話から導き出す。つまり地球が有限な球体であることが、人間が隣り合って生きなくてはならないことの起源の一つだというのである。「自然は諸民族全てをまとめて（彼らが居住するところが球体であることによって〔…〕）一定の限界のなかに閉じこめた」（『法論』「公法」六二節）。すなわち、「もしも地表が無限の平面であったならば、人間はその上で散らばることができたので、お互いに共同体を作る関係に入ることもなかった」（『法論』「私法」一三節）。しかし地球は実際には球体である。この球体性は二つの結果をもたらす。第一に地表が一体をなしているがゆえに、あらゆる土地は究極的には共同の占有に属するということ（理性理念としての「根源的共同占有」）（同）、第二に人間は散らばることができないゆえにある種の隣接関係に入る、ということである。

しかしこの第二の帰結たる人間同士の隣接性は、人間の争いの根本ともなる。「〔…〕諸民族は、その自然状態においては（つまり外的な法則から独立している場合には）、互いに隣接しているというだけで、既に害を与えあっているのである」（『永遠平和のために』第二確定条項）。

こうしたいわば国家間における自然状態から脱出するためには、ある種の法的状態を国家間においても立ち上げることが理性により求められる。「予備条項」に続く永遠平和のための「確定条項」は三つから成るが、第一確定条項「各国家における市民的体制は共和的であるべきである」に続く、第二確定条項では「国際法は自由な諸国家の連合の上に基礎付けられるべきである」として、そうした国家間の法的秩序付けの必要が模索される。

その可能性の一つが「国際連盟 Völkerbund」である。「〔…〕各民族は自分たちの安全のために、各々に自身の権利が保証されうるところとしての市民的体制に類似した体制に一緒に入ることを、他の民族に対して要求することができ、また要求すべきである。これは国際連盟〔…〕ということになる」（『永遠平和のために』第二確定条項）。

もちろん社会契約による国家の立ち上げとのアナロジーで言えば、諸国家を残存させる「国際連盟」というシステムよりも、究極的にはあらゆる民族を統合する「国際国家 Völkerstaat」（『永遠平和のために』第二確定条項）、あるいは一人の元首を戴く「世界市民的公共体 weltbürgerliches gemeines Wesen」（『理論と実践』Ⅲ）、ないし「世界共和国 Weltrepublik」（『永遠平和のために』第二確定条項）の方が、いわば純度は高い。

これは大きく言って「世界共和国」への道であるが、しかし、この方向性はいくつかの理由ゆえに困難である。そもそも諸国家が、自らの主権を世界共和国へと委ねるという決定的な決断を下すこと自体が難しく、またこうした超国家的な国家が、主権を備え、自身の力に実効性を持たせようとするや、それが暴走するという危険を持ちかねないということは容易に予想されるところであるからだ。それゆえ諸国家が行き着く現実的選択肢は、「世界共和国」ではなく、あくまで「国際連盟」止まりだということになる。「一つの世界共和国という積極的理念の代わりに〔全てが失われてしまわないためには〕戦争を防止し、持続的であり、またつねに自らを拡大していく連盟という消極的代用物のみが、法を恐れ敵意に満ちた傾向性の流れを阻止できるのである」（『永遠平和のために』第二確定条項）。

さて最後に、第三確定条項（「世界市民法は、普遍的友好の諸条件に制限されるべきである」）を検討しつつ、カントの政治哲学のアクチュアリティを確認してみたい。

第三確定条項で「友好 Hospitalität」と言われているものは、現代風に英語に直せばホスピタリティとなる。この場合、感じのいい対応、といった軽い響きをもつかもしれない。しかしカントの意識は、いわゆるコロニアリズム（植民地主義）と、コスモポリタニズム（世界市民主義）をどのように和解させるか、というきわどい事柄に関わっている。「友好」とは「他人の土地に足を踏み入れたというだけの理由で、その国の人間から敵対的に扱われないという外国人の権利」（『永遠平和のために』第三確定条項）と定義されるが、これが具体化されると「訪問権」の問題になる。

「訪問権」は次のように定式化される。「〔…〕外国人が要求できるのは、客人権（Gastrecht）ではなくて（この権利のためには彼をしばらく家族の一員とするという極めて好意的な契約が要求されるであろう）、訪問権（Besuchsrecht）である」（『永遠平和のために』第三確定条項）。訪問権が問題となる場面に、先に言及した地球の球体性、つまり地表の有限性の議論が機能してくる。「この〔訪問の〕権利は、地球の表面の共同所有権をもとに、互いに交流するという全ての人間にそなわる権利であるが、この球面としての地球上では、人間は無限に散らばることは不可能であり、結局は並存することを相互に耐えねばならない、しかし根源的には、地上のある場所にいることについて、他の者よりも多くの権利をもつものは誰もいないのである」（同）。こうした土地の根源的なレベルでの共同性が、訪問権の根拠となっている。

『人倫の形而上学』では「地球のあらゆる場所を訪問するという地球市民の権利」(『法論』「公法」六二節)と定義される訪問権は、あくまで「他の民族の土地へ定住する権利」とは区別されねばならない。カントは通商や交通の歴史的意義を過小にみることはない。適切に使用される場合「訪問権」とそれに基づく交通は、「人類を世界市民的体制にますます近付けることを可能にする」(『永遠平和のために』第三確定条項)。しかし彼は「交通」の発達の過程で生じたコロニアリズムあるいはグローバリゼーションの負の面も等閑視しない。「〔…〕もしひとがわれわれの大陸の道徳的に文明化された諸国家、特に商業的諸国家の非友好的な振る舞いを比較してみるならば、こうした諸国家の人々が他の国々や他の民族を訪問する際に(彼らには訪問と征服は同一である)示す不正性は、ひとを戦慄させる地点にまでおよんでいる。アメリカ、黒人諸国、香料諸島、喜望峰等々が発見されたとき、それらは彼らにとっては誰の土地でもなかった。というのも、そこにいた住民たちを、彼らは無として扱ったからである」(『永遠平和のために』第三確定条項)。

交通の活性化は一方では、未開の地の文明化や、人間の開化を促す。しかし他方ではそれは植民地的な収奪と、開化を口実とした暴力を促進してしまう。「〔…〕未開の民族の開化、〔…〕堕落した人間から自分たちの土地を浄化すること、世界の他の地域(オーストラリアのような)でこうした堕落した人間やその子孫を望まれる形で矯正すること〔…〕。だが、善いことだと誤認されているこうした意図はどれもそのために用いられる諸手段にひそむ不正義の汚点を洗い流すことはできない」(『法論』「公法」六二節)。

こうしたグローバリゼーションをめぐる二面性はカントの政治哲学、歴史哲学のあちこちに見られる。たとえば南国の島々にやってきた商人たち、植民地経営者たちは、海を経由して植民地主義的な暴力をもたらしたが、同時にその地で暴力が生じていることが、本国に、ひいては世界に瞬時に伝わるような、そうした情報のグローバル化の端緒を作ったともいえる。『法論』では次のように言われる。「〔…〕海岸の訪問、それ以上にそこと母国とを結びつけるべくその場所に植民することは、同時に、われわれの地球上の一つの場所でなされた災いや暴力行為が、あらゆる場所で感じ取られる契機をも与える」(『法論』「公法」六二節)。『永遠平和のために』でも次のように言われている。「〔…〕今や、地球上の諸民族の間にいったんあまねく、そして急激に広がった(狭いものもあれば広いものもある)共同体は、地球の一つの場所で生じた法の侵害が、あらゆる場所で感じられるほどにまで達したのである」(『永遠平和のために』第三確定条項)。

このように進歩と停滞、場合によっては後退と、その行程に揺れはあるものの、究極的には、人類の歴史は新しい段階へと進んでいく、まさにその途上にある、それはカントにとって、あるいは啓蒙思想にとって、一つの確信であった。しかしそうした啓蒙思想特有の進歩的・楽観的歴史観には回収しきれないような、現実の悪への透徹した視線もまた、カントは持ちあわせていたのである。

〔文献〕

イマヌエル・カント/宇都宮芳明訳『永遠平和のために』(岩波文庫、一九八五年)
イマヌエル・カント/篠田英雄訳『啓蒙とは何か 他四篇』(岩波文庫、一九七四年)
イマヌエル・カント/中山元訳『永遠平和のために/啓蒙とは何か 他三篇』(光文社古典新訳文庫、二〇〇六年)
カント研究会・樽井正義・円谷裕二編『現代カント研究五 社会哲学の領野』(晃洋書房、一九九四年)
カント研究会・石川求・寺田俊郎編『現代カント研究一二 世界市民の哲学』(晃洋書房、二〇一二年)
ハンス・ライス/樽井正義訳『カントの政治思想』(芸立出版、一九八九年)

第7章 ベンサム

■功利主義と統治

【キーワード】 功利性の原理、快楽計算、最大多数の最大幸福、サンクション、コモン・ロー、自然法、パノプティコン、邪悪な利益、哲学的急進派、議会改革

1 ベンサムとその時代的背景

ジェレミー・ベンサム（Jeremy Bentham 一七四八―一八三二年）は、近代功利主義の創設者として知られるイギリスの哲学者、法律家および社会改革者である。一七四八年にロンドンの富裕な中産階級の家庭に生まれたベンサムは、オックスフォード大学で法学を学び、弁護士の実務に従事した後に学究生活に入り、その一生を「功利性 utility」を基軸に据えた法律改革、統治制度改革に捧げることになった。

ベンサムが生きた一八世紀から一九世紀初頭のイギリスでは、一六八八年の名誉革命以来、長らく安定を誇ってきた統治体制が大幅な改革を余儀なくされる時代であった。また、技術革新と産業革命が進展して産業ブルジョアジーの影響力が増大してくるとともに、都市化や人口変動によって社会問題や労働問題が顕在化してくる時期でもあった。

そのような社会変動に対して、中世以来の判例の蓄積の上に形成されたコモン・ローの法体系には時代おくれが目立つようになり、極端な制限選挙による土地貴族の支配の弊害も感じられるようになった。また一七七六年

ジェレミー・ベンサム

のアメリカ独立革命や一七八九年のフランス革命の影響によって、一八世紀後半からはイギリスでも議会改革が喫緊の課題として意識されることになり、一九世紀の「改革の時代」へ突入していく。

　功利性の原理に基づき立法や議会の根本的変革を迫ったベンサムは、このような「改革の時代」の到来を象徴する人物であったといえよう。元来、人間の利己的性質に着目し、その行動の動機としての快苦に着目した思想家としては、ベンサム以前にも古くはイングランドのホッブズ（一五八八―一六七九年）、スコットランドのヒューム（一七一一―一七七六年）、フランスのエルベシウス（一七一五―一七七一年）、イタリアのベッカーリア（一七三八―一七九四年）などがいた。しかしそのような認識を功利主義の原理として規範化し、その原理によって立法や統治体制を全面的に再編成しようとした点において、近代功利主義の代表者としてのベンサムの特徴があったといえよう。

　以下、本章ではベンサムの思想と実践を、功利性の原理、立法改革思想、統治体制構想、そしてベンサムを中心に形成された社会改革グループである哲学的急進派の順序で見ていきたい。

2　功利性の原理

† 功利性の原理

ベンサムの功利主義に一貫した発想は、人間の精神と行動に関する認識を自然科学と同様の精密科学にまで高め、それによって立法や統治の学問に科学的原理を与えることであった。その発想の根幹にある功利性の原理は、一七八九年に公刊された主著『道徳および立法の諸原理序説』の冒頭に示されている。

自然は人類を苦痛と快楽という二つの主権者の支配下においてきた。われわれが何をするかを決定し、またわれわれが何をすべきかを指し示すのは、これら苦痛と快楽だけである。一方において善悪の基準が、他方において因果関係の連鎖が、この二つの玉座に結び付けられている。……功利性の原理は、このような従属を承認し、それを体系の思想基礎として想定し、理性と法によって幸福の構造を打ちたてることを目的とするものである。(『道徳および立法の諸原理序説』第一章第一節)

ベンサムにおいて功利性の原理は、人間は快楽を追求して苦痛を避けるように行動するという事実認識である。しかしそれは同時に、快楽を善、苦痛を悪としたうえで、人間の快楽を増進して苦痛を除去する行為を「正しい」行為とする規範原理、善悪の判断基準でもあった。そしてこのような功利主義的判断基準は、個人の行為のみならず、個人の集合である社会や政府の行為においても一貫して適用されるべきものであった。

† 功利主義的人間観

このような功利性の原理は、ベンサム独自の人間認識によって導出されたものである。それは第一に、人間は本来利己的であり、快楽を追求して苦痛を避けるように行動するという快楽主義的人間観である。第二に、判断力と責任能力のある大人であれば、自分の幸福が何であるか、どうすればそれを最も効率的に追及しえるかということについて、各人が最良の判定者であるという合理主義的人間観である。第三に、快苦の経験において各人は同一の資格で扱われるべきであり、「各人は一人として数えられるべきで、一人以上にも一人以下にも数えられるべきではない」という平等主義的人間観である。

† 快楽計算

では個人の快苦の総量はどのように図られるのだろうか。ベンサムは、快苦にも種類に応じて強弱や長短などの特徴が存在するとし、それらを次の七つの指標によって特徴付けた。すなわち(1)強さ、(2)持続性、(3)確実性、(4)遠近性、(5)多産性、(6)純粋性、(7)範囲である。このうち、(3)確実性とは将来その快楽がどれほど確実に獲得できるか、(4)遠近性とは快楽が比較的早く獲得できる性質のものかどうか、(5)多産性とは快楽が更に別の快楽を派生させるかどうか、(6)純粋性とは快楽が同時にそれを打ち消す苦痛をもたらさないかどうか、(7)範囲とはその快楽がもたらされる人数を示す指標である。

ベンサムによれば、各項目について快苦の計算がなされた後、快楽の合計から苦痛の合計を引いてプラスになれば、その行為は個人と社会にとって「良い傾向」を与えるとされる。もっとも、ベンサムはこの機械的な指標をあくまで一つの指針として示すものであったが、このような快楽計算にはベンサム独自の科学的な発想方法が示されている。

† 擬制としての社会

ベンサムは、個人を自身の幸福とその追求方法を最も熟知する合理的な存在として認める反面、社会についてはその実体を否定し、あくまで個人の集積を現す便宜的表現と位置付けた。ベンサムは言う。「社会とは、それを形成する構成員と考えられる個々の人々からなる、擬制的団体である。社会の利益とは何か？　それは社会を作る各構成員の利益の集計である」（『道徳および立法の諸原理序説』第一章第四節）。

したがってベンサムにおいては、各人が「自分の幸福」を最大化することが「社会全体の幸福」の最大化につながるのであり、各人が功利性の原理に従って行動するとき、社会においても「最大多数の最大幸福 the greatest happiness of the greatest number」が達成されると考えられたのであった。

† 四つのサンクション

では、快楽追求をめぐって個人と他人や社会が衝突することはないのだろうか。いかにして、個人の最大幸福が社会全体の最大幸福と調和しえるのだろうか。このような問いに対してベンサムが強調したのが、サンクションという概念である。サンクションとは、元来、個人の行為に対する肯定的あるいは否定的な評価を伴った反応のことである。そしてベンサムは、これを物理的、政治的、道徳的、宗教的という四つのサンクションに分類し、これらが最大多数の最大幸福に一致する仕方で行動するように個人に働きかけているという。

物理的サンクションとは自然の過程においてなされる制裁であり、火の不始末による火事などである。政治的サンクションとは国家権力により裁判官を通じてなされる制裁であり、刑法による刑罰などである。道徳的サンクションとは社会の多数者によって自発的になされる制裁であり、自身の性格の悪さによる村八分や交誼の停止など、いわば「世論によるサンクション」とも呼ばれるべきものである。宗教的サンクションとは来世における目に見えない存在によってなされる制裁であり、神の怒りや祟りを恐れることによる苦痛などである。

ベンサムは人間を利己的存在として捉えたが、同時にそれは損得勘定のできる合理的存在でもあった。したがってサンクションは、人間のこのような合理性に働きかけ、その行動を誘導するものであった。そしてベンサムは、とりわけ立法を通じて政治的サンクションを機能させることにより、人間の性格と行動を統制し、個人の自己利益最大化と社会の最大多数の最大幸福を合致させようとしたのである。

ベンサムの思想の基礎となった功利性の原理は、個人の行為だけでなく立法や政府の行為に対しても応用可能なものとされた。したがって次節ではベンサムの立法改革について見ることにしたい。

3 立法制度の刷新

† コモン・ロー批判

一八世紀後半のイギリスの法体系はコモン・ローと議会制定法からなっていたが、伝統的なコモン・ローがなお支配的であり、議会制定法はコモン・ローの補完的な役割を認められるだけであった。コモン・ローとは、中世以来の判例や判事の見解の蓄積からなり、裁判所を通じて慣習的に法秩序を形成してきた歴史的な法システムであった。

ベンサムによる法改革はコモン・ローに対する批判から出発した。複雑に形成されたコモン・ローの内容は漠然とした指針であり、明示的に何を禁止しているのか、素人にとっては解釈不可能なものであった。その曖昧さや不明確さゆえ、コモン・ローは必然的にそれを解釈運営する判事の恣意的な裁量を招きいれた。そこから、コモン・ローによって明確な禁止がないまま、人々の行為が事後的に犯罪として罰せられるというコモン・ローの遡及法的性格が生じていた。すなわち、コモン・ローの下では裁判は本質的に恣意的で予測不可能だったのである。

当時、コモン・ローの最大の権威はオックスフォード大学の法学者ブラックストーン（一七二三―一七八〇年）であった。その主著『イングランド法注解』（一七六五―一七六九年）は、社会契約の概念によって政治社会における服従の義務を説明しつつ、モンテスキューによるイギリス国制賛美を踏襲し、コモン・ローに基づくイギリスの伝統的体制を擁護するものであった。ベンサムは学生時代にブラックストーンの講義に出席し、以後、ブラックストーンはベンサムの最大の論敵として位置付けられた。

ベンサムによれば、ブラックストーンの「解説的方法」では、実際に存在する法律の記述的説明と本来あるべき法律の規範的説明とが混同されており、その結果、現在あるイギリス憲法の優位性を過信する現状肯定に陥っている。これに対し、ベンサムは一七七六年に匿名で出版した『統治論断片』において、自らの法学方法論を「批判的方法」と位置付け、ブラックストーンへの反論を明確にする。ここにおいてベンサムは、コモン・ローの伝統的な判例法主義を批判し、法律の条文やスタイルの簡素化、合理化を目指した。また、「法典化（codification）」という言葉を発明し、普通の庶民が法律の内容を理解できるように、パノミオンと呼ばれる法律の総合法典の作成が必要であると主張した。

† 自然法批判

コモン・ローと並び、ベンサムのもう一つの批判対象は自然法の思想であった。ベンサムの方法を貫く特徴の一つは、言葉の曖昧な使用への注意と定義の重要性であり、立法の科学が進化するためには言語学的な精密さが必要だと考えた。それゆえ、自然法批判は「自然権」や「自然的正義」といった言葉の曖昧さに向けられている。自然法や自然権は単に当事者の感情を述べた「空語 phrase」であり、同義語が豊富に存在したり、一つの言葉が多様な意味あいを持っていることが、法律解釈の混乱のもとだとされた。

このようなベンサムの自然権批判は、フランス人権宣言に対する批判に典型的に示される。ベンサムは当初、フランス革命の熱心な観察者であり、革命後のフランスが自身の統治改革案の実験場になるのではと期待した。一七九二年には、ベンサムはトマス・ペインなどと並んで国民議会からフランスの名誉市民にも選ばれている。

しかし、フランス革命がジャコバン派の恐怖政治に移行するにつれて、ベンサムは批判的な態度へと転じた。ベンサムは一七九一年に『無政府的誤謬』を発表し、フランス人権宣言が依拠する自然権思想は歴史的な実体に基づかない絵空事であり、自然的で超法規的な権利という発想は「竹馬の上のナンセンス nonsense upon stilts」であるとして切り捨てた。

ベンサムにとって権利とは、政府保証と実定法上の規定によって初めて存在可能なものであった。したがって、政府に先立つ自然権などはそもそも権利と呼ぶに値しないのである。ベンサムによれば、そのような形而上学的発想こそ、革命の過激化と恐怖政治を招来させる原因であった。

† ベンサムの立法改革

ベンサムは一八〇二年にはデュモンの翻訳によりフランス語で『立法論』を出版した。ここにおいてベンサムは、自身の立法観を表明している。ベンサムによれば、社会における最大多数の最大幸福という大目的のために、立法は「生存」、「豊富」、「平等」、「安全」という四つの目的に配慮しなければならない。

このうち、ベンサムが最も重視したのは「安全」である。「安全」とは、法律が個人に対して与える期待が裏切られないことであり、とりわけ財産権の保証を意味するものであった。他方、「生存」と「豊富」といった事柄は「個人の選択」に関わるものとされ低く位置付けられた。また、財産権の前には、その均等化を求める「平等」も従属するとされた。その意味で、主に「安全」を重要視したベンサムの主張と、興隆する産業ブルジョアジーの同時代的要求との親和性を指摘することも可能であろう。

またベンサムによれば、立法が各人の行動に影響を及ぼす方法には直接立法と間接立法という二つの方法があるという。直接立法とは「主権者が刑罰の苦痛によって個々の行為を禁止する」ことであり、強制力を通じて国民はいかなる立法であれ服従を強いられる。他方、間接立法とは主として人間の「性向 inclination」に働きかけ、その行動を教導することにより人々が立法に自発的に服従し、犯罪を未然に防ぐ方法である。このような間接立法の発想は犯罪防止のための迂回的方法であり、人々の内面や生活領域への一定の法的介入を伴うものでもあった。ここには、後のパノプティコン構想に通じるベンサムのパターナリスティックな発想の契機を窺うこともできよう。

† 死刑への反対・同性愛と動物の権利擁護

ベンサムはいくつかの点で、先駆的な権利の擁護者であった。第一にベンサムは死刑に対する反対者であり、当時のコモン・ローにおける厳罰化傾向には常に批判的であった。第二に、ベンサムは早い時期から同性愛擁護論者であった。一八世紀のイギリスでは同性愛行為（ソドミー）は火刑に処される重罪であった。しかしベンサムによれば、同性愛は異性愛と同様、誰に苦痛をもたらすことなく当事者に快楽をもたらす行為であり、それを犯罪化するのは非合理的反感であると批判している。第三に、ベンサムは動物の権利の先駆的な主張者の一人でもあった。ベンサムにとっては、「思考する能力」ではなく「苦しむ能力」が最も本質的な権利主体の要件であり、動物にもその能力が備わっているとして、無駄に苦痛を与える動物虐待は禁じられるべきだと主張した。

4　統治体制の合理化

† ベンサムの政府観

ベンサムによれば、政府の仕事とは罰則と報酬によって社会の幸福を増進させることである。しかし、統治は必然的に強制を伴い、強制は人々の幸福を減少させる。したがって、統治は「安全」の維持を果たすという消極的な意義を持つものにすぎず、政府の存在は「より少ない悪 lesser evil」にすぎなかった。

このようなベンサムの政府観はその経済思想に端的に現れている。政府の活動をなるべく限定的に捉えようとする点において、ベンサムは同時代の経済学者アダム・スミスと共通していた。しかし、スミスが利子に関しては公権力による高利制限を容認したのに対し、ベンサムは『高利弁護論』（一七八七年）においてこれを批判する。恋愛や宗教と同様、責任能力のある大人であれば利子率の決定も当事者間の自由な判断に委ねられるべきであり、スミスが高利にのみ政府介入を認めたことは自由放任経済の不徹底であるとした。その意味でベンサムは、スミス以上に放任経済と自由貿易を主張したといえよう。

† ベンサムの国際法観

自由貿易の進展はまた、諸国家の平和と安定をもたらすと考えられた。ベンサムは、戦争は少数者に莫大な利益を与える反面、多数者に最大規模の苦痛をもたらすとし、それに強い反対の意思を示している。そのうえで、自由貿易と国際的相互依存の深化が諸国家に利益の一致を生み出し、戦争への誘因を低下させると考えた。そのような観点からベンサムは、戦争を誘発する軍事同盟に反対し、軍備の縮小、対外政策の公開と民主的統制を要求した。また「国際法 international law」という造語を発明し、国際法の法典整備、国際裁判所やある種の国際連盟の確立を構想している。

† 『憲法典』と統治体制の構想

ベンサムの主眼は、一八〇〇年以降、法律制度から憲法や政治学の領域へと拡がっていく。統治体制に関するベンサムの構想は、あらゆる国に適応可能な憲法原理を体系化した晩年の大著『憲法典』（一八三〇年）に示されている。本書においてベンサムは、政治理論の基礎をなす三つの原理として、第一に政府の正当な目的を最大多数の最大幸福とする「最大幸福原理」、第二にあらゆる人間は自己についての関心を他の全てに優越させるという「自己優先の原理」、そして第三にこの両者を一致させる「利益結合の原理」を挙げる。ベンサムにとって理想の統治体制は、各人の「自己優先の原理」を政府目的としての「最大幸福の原理」と結合、調和させることであった。

ベンサムによれば、このような統治体制は徹底した代議民主制の基盤の上に初めて成り立つという。本書においてベンサムは、最高権力としての主権は人民に属するという人民主権の立場を明確にし、読み書き能力のみを条件とした男子普通選挙権、貴族院の廃止と国民代表からなる一院制議会、一年ごとの議会改選などを主張する。最終的にベンサムの理想とする統治体制とは、人民主権に基礎をおいた、一院制の立法権を頂点とする国家構想だったといえる。

† パノプティコン構想

ベンサムにとって、政府の役割は可能な限り消極的なものであるべきだったが、それは同時に、統治に関わる手間や費用の最小化をも企図したゆえであった。そのような観点から、一七九〇年代以降、ベンサムは刑務所や貧民労働施設の建設に関心を向けることになる。とりわけベンサムが多大な金と時間を費やしたのが、「パノプティコン Panopticon」と呼ばれる刑務所計画である。

パノプティコンとは、「全て pan」と「見る場所 optiocn」というギリシア語を組み合わせた造語であり、一人の監視者が中央の監視人番小屋から効率よく全収容者を監視する円形監獄施設である。ベンサムが弟サミュエルとともに設計したこの施設は、監視効率を高めて経費を削減すると同時に、怠惰で放埒な犯罪者を勤勉で正直な人間に作り変える一種の人間矯正施設であった。そしてパノプティコンの建築構造は、刑務所のみならず労役場、手工作業場、生活保護施設、病院や学校にも応用可能なものであった。

当初、パノプティコン計画に対する政治家の反応は好意的であり、一七九〇年代のベンサムはパノプティコン計画の実現に向けて奔走する。それは功利性の原理の理論段階から応用段階への移行を示すものであった。しかし、次第に建設予定地周辺の貴族が反対に転じ、また国王ジョージ三世の非協力的な態度もあって、パノプティコン計画は一八〇三年に放棄されるに至る。計画の挫折はベンサムにとって苦い経験となり、行政組織の無責任さや貴族など特権層の「少数者の最大幸福」の堅固さを実感させるものであった。

それまでベンサムは、自身の改革構想の実行者として国王と議会を想定していた。しかし一九世紀に入ると、ベンサムは反貴族的な姿勢と政治的急進主義の度合いを強めていく。その背景には、パノプティコン構想の挫折に示されるように、特権的な支配層による改革実行という楽観的期待が裏切られたという認識があったといえよう。それによりベンサムの関心は、貴族や議会政治家に期待する「上からの改革」ではなく、議会制度の裾野を広く民衆的基盤に求める「下からの民主化」へ向けられていく。

5　哲学的急進派

† 哲学的急進派の形成

ベンサムによれば、一九世紀初頭のイギリス議会は、国王と貴族院が大幅な権力を持つ反面、下院における庶民的代議制はいまだ欠如しており、実質的に「君主制と貴族制からなる混合専制」であった。そして庶民もまたこれらの伝統的な支配層を無批判的に尊敬させられるイデオロギーに捉われていた。一九世紀以降のベンサムの社会改革の目的の一つは、このような特権層の支配を合理化する慣習やイデオロギーをあばき、政治権力を民主的な基盤と統制の上に位置付けなおすことであった。

このようなベンサムの急進化の背景には、パノプティコンの失敗とともに、一八〇八年のジェイムズ・ミル（一七七三–一八三六年）との出会いがあった。ジェイムズ・ミルはベンサムより二五歳年少の哲学者であり、民主主義に対する関心が強く、その実務的手腕によってベンサム思想の宣伝と拡大に務めた。ベンサムもまた、ジェイムズ・ミルとその息子J・S・ミルを含めた家族ぐるみの交際を続けた。ジェイムズ・ミルとの関わりによって、ベンサム自身も民衆に依拠した下からの議会改革の必要性を認識し、「クイーンズ・スクエア・プレイスの隠者」と呼ばれた学究生活から政治実践へと乗りだしたのであった。

そしてこのようなベンサムに呼応して、功利主義思想に共鳴した若手の知識人や官僚がベンサムを中心に集い、「哲学的急進派 philosophical radicals」と呼ばれる社会改革グループが形成される。哲学的急進派にはベンサムを理論的指導者としながら、ジェイムズ・ミルを筆頭に、社会改良家のF・プレイス、歴史家のG・グロート、行政官のE・チャドウィックなどが集結した。ベンサムは一八二三年には私財を投じて哲学的急進派の機関誌『ウェストミンスター・レビュー』を創刊し、当時の二大政党であるトーリーとホイッグに対抗して、第三極を形成するに至った。

† 「邪悪な利益」と四つの誤謬

哲学的急進派が打破しようとしたのは、必要な社会改革の障壁となっている支配層の既得権、すなわち「邪悪な利益 sinister interest」であった。「邪悪な利益」とは貴族や少数の官僚の利益であり、意思決定の基盤が不当に制限されていることにより生じるものである。ベンサムは一八二四年の著作『誤謬論』において、「邪悪な利益」を擁護する保守的な思考方法の源泉として「権威の誤謬」、「危険の誤謬」、「遅延の誤謬」、「混乱の誤謬」を挙げ、その克服を唱えている。

「権威の誤謬」とは、権力や名声などに派生する権威によって人々が特権階級の意見を無邪気に受け入れ、自ら批判的に考えることを不可能にしてしまう弊害である。「危険の誤謬」とは、現状改革に対する恐怖を煽ることによって批判的議論を抑圧し、眼前の実際の弊害や危険を見逃してしまう誤謬である。「遅延の誤謬」とは、喫緊の変革を時期尚早であるとして回避し、必要な改革を故意に先延ばししようとする弊害である。「混乱の誤謬」とは、用語の混乱と不正確さによるものであり、たとえば現状のイギリス憲法を「比類なき憲法」とすることでその相対的優位性を絶対的優越性にすり替える誤謬である。ベンサムは、このような誤謬によって多数者の幸福が少数者の「邪悪な利益」に従属していることを明らかにする。

† 議会改革の主張

ベンサムは一八一七年に『議会改革問答集』を出版、二大政党であるトーリーとホイッグをいずれも特権的貴族階級の政党として批判し、哲学的急進派独自の議会改革の構想を提示している。ここでベンサムが強調したのは、読み書き能力のみを条件とした成人男子選挙権、秘密投票、任期一年の議会、選挙区の区割りの是正と不敗選挙区の廃止、貴族院の廃止と一院制の主張、言論や報道の自由、政府の透明性や説明責任の強化などにまとめられる。このような統治改革構想は、最晩年の大著『憲法典』（一八三〇年）にも引き継がれ、ベンサムはここで、人民主権に基礎をおいた一院制の立法府が行政や司法を統率する、立法権優位の壮大な国家構想を示している。

哲学的急進派による議会改革の要求は、一八一七年のピータールー事件などの庶民による政治改革の要求、また一八三〇年のフランスでの七月革命などに後押しされ、ようやく一八三二年、ベンサムの死の二日前、第一次選挙法改正が成立する。それによって産業資本家を中心とする中産階級が選挙権を獲得し、腐敗選挙区が廃止されて新興都市に新たに選挙区が割り振られることとなった。これ以後、イギリスは一九世紀に更に二度の選挙法改正を経験し、「改革の時代」へと踏み出していくことになる。ベンサムはまさにその時代の端緒に立った思想家であったといえるだろう。

†ベンサムの歴史的意義と批判

ベンサムの死後、政治思想史におけるベンサムの評価は必ずしも芳しいものとはいえなかった。ベンサムに対する有力な批判として、たとえばマルクスは、ベンサムの学説をイギリスの産業ブルジョアジーのイデオロギーを代弁したものと批判し、『資本論』において「ブルジョア的愚昧の天才」と呼んだ。また後にフーコーは、ベンサムのパノプティコン構想を近代的な管理的統治権力の象徴と位置付け、ベンサムの哲学を抑圧的で規律的な社会、監視社会の予言的象徴として捉えた。

しかしながら、ベンサムや哲学的急進派が貢献した同時代イギリスにおける社会改革の歴史的意義は確実に評価されるべきであろう。またベンサムがその確立に尽力した功利主義思想は、ベンサムの死後、J・S・ミル（一八〇六－一八七三年）による吟味と修正を経て、批判的に継承、発展されていくことになる。そのような功利主義思想は現在、法学や経済学、政治理論の分野において支配的潮流の一つであり続け、また司法や統治制度の現場においても有力な規範理論として作用している。ベンサムの思想的達成は、今なお現代社会に大きな影響力を及ぼしているといえよう。

〔文　献〕

ジェレミー・ベンサム／山下重一訳「道徳および立法の諸原理序説」（抄訳）関嘉彦編『ベンサム　J・S・ミル（世界の名著49）』（中央公論社、一九七九年）
ジェレミー・ベンサム／永井義雄訳「統治論断片」（抄訳）永井義雄著『ベンサム（人類の知的遺産44）』（講談社、一九八二年）
J・R・ディンウィディ／永井義雄・近藤加代子訳『ベンサム』（日本経済評論社、一九九三年）
岩佐幹三『市民的改革の政治思想』（法律文化社、一九七九年）
永井義雄『ベンサム』（研究社、二〇〇三年）
土屋恵一郎『怪物ベンサム』（講談社学術文庫、二〇一二年）
児玉聡『功利主義入門』（ちくま新書、二〇一二年）

第8章　ミル

■個性と自由

【キーワード】　質的功利主義、社会的自由、他者危害原理、多数者の専制、個性

1　はじめに

ジョン・スチュアート・ミル（John Stuart Mill　一八〇六―一八七三年）は、個人の個性の開花を自由概念の中核に据えることによって、自由主義思想に多大な影響を与えた思想家である。ミルにとって善き生の内容は人それぞれであるが、決定的に重要なのは、各人が自ら望む生き方を自分自身で選択することである。各人は自ら選択する生き方を成就することによって幸福に生きることができる。また、ミルは、このような個性の開花による個人の幸福は、結果的に社会の幸福と発展を導くとする。

個人の個性・幸福と社会的進歩を結び付けるミルの自由主義思想は、一方では彼が生きた一九世紀イギリスの社会的背景を、他方ではそうした時代背景におけるミル自身の個人的成長を色濃く反映している。ミルが生きた一九世紀のイギリスは、自然科学と社会科学が急激に進歩した時代であった。とりわけ産業革命を経て成功を遂げたイギリスでは、科学的知識と技術革新こそが人類の歴史的発展の鍵として信奉された。そうした中で、社会・政治制度においても経験的に実証可能な快苦の原理に基づく功利主義的制度改革が、ベンサムの思想を信奉・実

ジョン・スチュアート・ミル

践しようとする「哲学的急進派」によって推し進められていた。ジョンの父、ジェームズ・ミルは、息子に将来の功利主義的制度改革の闘士となるよう、幼いころからスパルタ教育を施した。ジョンは、一五歳でベンサムを読み、自身で功利主義の闘士となることを固く決意するが、二〇歳でそれまでの生き方に対する確信が崩壊し、「精神の危機」に陥ったことは、あまりにも有名である。二〇歳のミルが、父の望むとおりの改革を推進することが自らの幸福を導くかという問いに対して出した答えは「否！」であった。

合理的な民主改革に基づく社会全体の功利と進歩を目指す時代的背景を継承しつつ、その中で個人の個性、幸福と自己陶冶をどう確保するかということが、その後のミルの著作を通じて重要なテーマとなっている。本章では、彼の政治思想を理解するうえで重要な『自由論』（一八五九年）と『功利主義』（一八六一年）を取り上げ、功利主義の修正、自由論、他者危害原理について各節ごとに見ていきたい。

2　功利主義の修正

功利主義は、ミルの道徳的・政治的考察の基礎を成す道徳理論である。ミルが『功利主義』（一八六一年）を著した主要な目的は、その哲学的根拠を示すとともにジェレミー・ベンサム（一七四八－一八三二年）の功利主義を修正・補強し、功利主義を擁護することであった。以下では、まずミルが功利主義を擁護する理由を確認したうえで、彼の質的功利主義について見ていきたい。

† 直観主義の否定

ミルは、ベンサムの功利原理を受け継ぎ、「行為はそれが幸福を増進させる傾向に比例して正しく、幸福と反対のものを生み出す傾向に比例して不正である。この場合、幸福とは快楽と、苦痛の欠如を、不幸とは苦痛と、快楽の欠如を意味する」（『功利主義』二章）と述べている。功利主義を代表する思想家であるベンサムは、あらゆる行為によってもたらされる個別の快楽を足したうえで、全ての苦痛を差し引く快苦計算（功利計算）を行い、「最大多数の最大幸福」を達成するよう、政治制度や政策が統制されるべきであると考えた。

ベンサムは、社会契約説が前提とする「自然権」や「自然法」といった実証不可能な原理を、「大げさなナンセンス」として退けている。功利主義は、行為の正・不正を、「良心」や「自然本性」に基づく個人の直観にではなく、快苦の経験によって根拠付ける。ベンサムに言わせれば、道徳に関する知識を本性的であると主張する直観主義は、行為の正・不正に対して、外的な根拠を示さずに自分が支持するかしないかという感情によって判断するにすぎない。これに対して、功利主義者は、人々が事実として経験する快苦を道徳的判断の基準とすることによって、個人的な独断や偏見に基づく道徳的主張を回避することができると考えた。

ミルは、功利主義的立場から一貫して直観主義を否定している。ミルは、人々がただ強くそれを信じているという理由だけで支持され、経験的に実証されない一般的原理や原則は、保守的な考えや支配的な権威を支える社会的害悪であると考えた。こうした観点は、社会の抑圧や集団的凡庸性に対するミルの問題意識を反映している。

更に、ミルの直観主義の否定は、個人に対する正当な権力行使を他者危害原理（harm principle）によって制限していることにも表れている。他者危害原理は、個人の行為に対する正当な干渉を、その行為が他者に危害を加える場合に限定する。すなわち、他人の行為を主観的にどう判断するか（それを好ましいと考えるか、不道徳だと考えるかなど）によってではなく、それが他者に危害を加えるかどうかという経験的事実によってのみ権力行使を正当化することで、善意という名目の独断と偏見によるパターナリズム（＝善意に基づいて他者の自由に介入すること）的介入を否定するのである。

† 質的功利主義

ミルは、このようにベンサムの功利主義を継承しつつ、同時に功利の「量」だけでなく、その「質」を考慮することによって、社会全体の利益と個人の幸福を融合させようとした。ベンサムによれば、善い行いとは快楽の量（その強さと長さ）をできるだけ増大させる行為である。快楽の質的優劣は存在しないため、様々な快楽の間で価値判断を下すことはできない。よって、ギャンブルによって得られる快楽と、仕事を達成することによって得られる快楽は、それぞれの快楽の強さと長さが等しければ、最大幸福原理を達成するうえで平等な重みを持つことになる。量的功利主義は、各人の社会的地位や出自を問わず、全ての個人の功利を平等に考慮したうえで、社会全体の利益を最大化しようとする点において平等主義的である。

その一方で、ミルは、ベンサムの功利主義は過度に利己的な人間観に基づいているため、人間の多様な動機を十分に説明することができないと主張した。人間は、ときには自己利益を超えた正義や社会の幸福といった道徳的価値に動機付けられることがある。つまり、ただ「こうしたい」（今日は疲れているので練習を休みたい）と思って行動するだけではなく、「こうありたい」（休みたいけど、やると決めたことは成し遂げたい）と思って行動することがある。また、「こうありたい」という願いは、何らかの価値（やると決めたことは成し遂げるべきである）に基づいている。ミルは、様々な価値の間で内在的な優劣があるとしたうえで、高次の価値を達成するために行う行為によって得られる快楽を、「高次の快楽」とする。ミルの質的功利主義によれば、正義と真理を追究したソクラテスの哲学的活動や利他的行為による快楽は高次のものであるのに対し、本能的な欲求のみを満たそうとする豚の満足は低次の快楽となる。よって、「満足した豚より不満を抱えた人間の方がよく、満足した愚か者より不満を抱えたソクラテスの方がよい」（『功利主義』二章）。このように、ミルは、快楽の質的差異を認めることによって、人間はただ利己的に行動するだけではなく、道徳的価値を達成するためにも行動するのであり、それが個人の幸福の構成要素になると考える。

ここで問題となるのは、ミルが経験主義的・功利主義的立場を保持しつつ、いかに行為の内在的価値とその優劣を認めることができるのかということである。というのも、先に見たように、功利主義は人々の信念や社会規範による道徳的立場の内在的価値を空論として退けているからである。この問題に対するミルの回答は、二つの快楽のうち、両方を経験した人が進んで選びとる方がより望ましい快楽であるとすることで、快楽の質的優劣を経験主義的に根拠付けるというものである。すなわち、高次の快楽とそれに基づく高次の価値は、様々な快苦経験を遂げた人の価値判断によって区別することができるというのである。よって、高次の価値は先天的に決定されているのではなく、個人の経験によって検証されなければならない。このように考えれば、「ある種類の快楽は他の快楽よりも望ましく、かつより価値があるという事実を認めることは、功利性の原理と完全に両立しうる」（『功利主義』二章）。

ミルは、個人がより高次の快楽を選択するようになることによって、「高貴な人格 noble character」が形成されると主張する。更に、高貴な人格を持つ者は、利己心よりも同胞感情を抱くようになる。功利の量のみを集計する功利主義の問題点として、一人一票の多数決によって、個人や少数者の権利を尊重することができず、全体の利益のために個人が犠牲にされる可能性があることが挙げられる。しかし、高貴な人格を持つ者――すなわち、高次の快楽を選択する者――は、少数者の犠牲のうえに立つ利益を選択するのではなく、全体の幸福という非利己主義的価値に自らの幸福を重ねることができる。よって、ミルは、個人が高次の快楽を選択することによって、個人の幸福と社会全体の利益を融合させることができると考える。

このようなミルの質的功利主義は、ベンサムの功利主義の平等主義からの後退であると批判することもできる。快楽の質を規定することは（たとえばパチンコは低次の活動、芸術鑑賞は高次の活動であるというように）、個人の多様な好みや価値に対して優劣をつけ、社会的な基準によってある種の生き方を個人に押し付ける危険性があるように思われる。

しかし、ミルにとって重要なのは、個人が自発的に高次の快楽を選択し、それを自らの幸福と重ねるようになることである。高次の快楽が他者からの押し付けによるものであるなら、それは個人にとっての快楽や幸福と結び付くことはなく、功利の原理から逸脱する。ミルは、今現在の人々にとって最大多数の最大幸福は、利他的な原理によるものではないとしても、多様な価値や生き方が共存し、競い合う社会の中で個人は道徳的に発展し、多くの人々が自らの利益と他者の利益を重ねるようになる未来において、本当の最大多数の最大幸福が実現されると考える。この意味で、ミルの功利主義は未来志向的である。ミルはつぎのように述べている。「私は、功用を、全ての倫理的問題に関する究極的な人心に対する訴えであると考える。しかし、その功用とは、進歩する存在としての人間の恒久的利益を基礎とする、最も広い意味における功用でなくてはならない」（『自由論』一章）。

ミルの質的功利主義は、個人の完成によって文明が進歩するという理解において、彼の進歩主義的な歴史観を反映している。

3 自由論

個人の完成によって社会が進歩するという考えは、ミルの自由論とも連動している。多様な価値や生き方に対して自由な社会があって、はじめて個人は自発的・道徳的な選択をすることができる。そして、こうした個人の発展こそが、社会の利益と進歩を導く鍵となる。ミルは、妻であり、共同研究者でもあったハリエット・テイラーの死後、彼の主著となる『自由論』（一八五九年）を発表した。自由主義の古典となったこの著作において、ミルは、多数者の専制、社会的自由、個性の重要性、多様性の擁護に関する議論を展開している。

† 多数者の専制と社会的自由

ジョン・ロックをはじめとする一七世紀の自由主義思想家たちの主な問題関心は、社会と個人に対する国家の介入を制限することであった。宗教改革以降、各人がそれぞれの仕方で信仰する権利を、国家権力が侵害してはならない個人の自由の領域として原理的に確立したことは、古典的自由主義の重要な成果であった。これに対し、『自由論』において、ミルは、「この論文の主題は……市民的、または社会的自由である。換言すれば、社会が個人に対して正当に行使しうる権力の本質と諸限界である」と述べている（『自由論』一章）。このように、ミルは、政府による個人の抑圧だけでなく、社会による個人の抑圧も警戒しなければならないと考えた。

自由主義的原理が浸透し、最大幸福原理に基づく民主化改革が進められた一九世紀イギリスにおいては、王や支配階層の庶民に対する圧政ではなく、反対に民主的な社会における「多数者の支配」が問題視されるようになっていた。ミルは、民主化した社会の新たな問題点を鋭く指摘している。

今や、「自治」とか「人民の人民自身に対する権力」というような文句は、真実を現わさないことが感づかれるようになっている。権力を行使する「人民」は、必ずしも、権力を行使される人民とは同じものではない。また、いわゆる人民の「自治」なるものは、各人が自分を治めることではなく、各人が他の全ての人たちによって統治されることである。更にまた、人民の意志は、実際には人民の最多数の部分または最も活動的な部分の意志だということになる。すなわち、多数者、または自己を多数者として認めさせることに成功した人々の意志を意味する。(『自由論』一章)

平等化し、民主化しつつある社会における市民は、自律的個人として投票するのではなく、社会に充満しているその時々の偏見や社会的風潮によって左右されているため、結局民主的制度や政策は、そうした多数者の社会的偏見を反映するにすぎない。よって、統治者を制限するはずの民主的制度下においても、個人はなお支配されつづけている。支配者が特定の個人ではなく、「多数者」あるいは「社会」という見えざるものに変容しただけなのである。

このような社会的圧力の中で、個人は個性を発展させることができず、社会の中に埋没していく。これが、ミルがいうところの多数者の専制(tyranny of the majority)である。しかも、社会による個人の抑圧は、政治的抑圧よりも更に厄介であるということを、つぎのように述べている。

社会は、様々な政治的抑圧よりも更に恐るべき社会的専制を遂行することになる。というのも、社会的専制は、必ずしも政治的抑圧のような極端な刑罰によって支持されてはいないけれども、生活の細部にまで遥かに深く浸透し、霊魂そのものを奴隷化するものであって、それを逃れる手段はむしろ、より少ないからである。(『自由論』一章)

政策や法律という形ある不正義に対しては、市民ははっきりと異議申し立てをし、その矛先を現行政府に向けることができる。しかし、社会の常識や偏見は、わたしたちの考え方やものの見方そのものを形成するため、自分でもそれに支配されていることに気付くことができないというのだ。たとえば、戦後日本では、「男は外で働き、女は家事と子育てをするもの」という性別役割分業の「常識」が支配的であった。これに反する生き方をすることは、大多数の人々にとって実行するどころか、疑問に思うことでさえもなかったといえる。結果、多くの人々は、社会が決めた型にはまった生き方をすることになる。

このように、多数の人々が社会的常識に追従し、特定の生き方や価値観が定着することで社会の平均化がおこってしまうことを、ミルは、集団的凡庸性（mass mediocrity）とよぶ。ミルによれば、慣習化された世界観の内でしか思考することのできない人々が支配する大衆社会は、「その政治活動においても、またそれが育む意見や資質や精神状態においても、凡庸以上のものであったことは一度もなかったし、またそうなることができなかった」（『自由論』三章）。

ミルは、多数者の専制と集団的凡庸性について論じるに当たって、同時代のフランスの思想家アレクシス・ド・トクヴィル（一八〇五－一八五九年）の影響を強く受けている。トクヴィルは、ヨーロッパで貴族制が崩壊した後、民主的原理に基づく新しい社会の実験場として、北アメリカ各地を周遊し、民主的社会の新たな問題点と可能性について考察を行った。偉大な貴族が力を発揮した時代と異なり、人々が平等な社会において、個人の力は小さく無力である。アメリカ社会を観察した結果、そうした中でも個人の自由を確保する方法としてトクヴィルが注目したのは、市民による自発的結社であった。平等な個々人が草の根レベルで共通の問題関心に取り組むために結社を形成し、それぞれの目的を追求することで、社会の中の多様性と意見の循環を確保することができると考えたのである。

民主主義の利点を受け入れつつ、多数者の専制と集団的凡庸性を打破するためにミルが最も重視したのは、個人の個性の発展と開花であった。

†個　性

大衆から凡庸以上の発想は生まれえないのに対し、ミルは、「全ての賢明な、または高貴な事物の始まりは、諸個人から出てくるものであり、また諸個人から出てこざるをえないものである」（『自由論』三章）とする。また、「例外的」な個人が存在することによって、社会は硬直化した慣習を批判的に吟味し、社会変革の契機をつかむことが可能となるとする。

では、ミルは個性をどのように理解しているのだろうか。ミルによれば、「人間本性は、模型に従って作り上げられ、あらかじめ指定された仕事を正確にやるよう設定された機械ではなくて、自らを一つの生命体たらしめている内的諸力の傾向に従って、あらゆる方向に成長し、自己を発展させていく樹木のようなものである」（『自由論』三章）。政府であれ、社会であれ、親であれ、他の何者かによって「あらかじめ」決められた生き方を模倣することによって、個人の個性は育成されない。ミルはつぎのように述べている。「知覚、判断、識別する感情、心的活動、更には道徳的選好に至る人間的諸機能は、自ら選択を行うことによってのみ鍛えられるのである。何をなすのであれ、慣習であるがゆえにそれをなすという人は、何らの選択も行わない」（『自由論』三章）。このように、決められた慣習の模倣に対する生き方とは、個人が自ら選択を行って生きることである。すなわち、ミルにとって個性は、個人が意識的に、自分がどう生きるのかについて自己決定することによって育成されるのである。

個人が行う選択の内には、どのような服を着るのか、どのように余暇を過ごすのかといった日常的なものから、どのような職につくのか、誰と結婚するのかといった、人生における重要な決断が含まれる。個性的な自己決定にとって重要なのは、個人がこれらの選択に対して——他人に与えられた規律によってではなく——自らの経験によって検証され、自覚的に受け入れられるようになった価値や理由に基づいて判断することである。

自らの社会的状況やそれによって形成された価値観を批判的に吟味しなければならないということは、過去の経験から学ぶことが何もないということではない。むしろ、ミルにとって過去の経験は、個人と社会がより善い生き方を選択するために不可欠な実験の場なのである。現在の規範や価値は、人類の歴史の中で、たとえば封建制、絶対王政など、様々な体制、制度、生活様式の経験の中から選び抜かれてきたものでもある。しかし、ミルは、過去の経験から学びつつ、「経験を独自のやり方で利用し解釈することは、能力の成熟期に達した人間の特権であり、適切な状態である」(『自由論』三章)と述べている。人類の歴史によって受け継がれてきた生活様式であれ、個人の生い立ちによって形成された価値観であれ、重要なのは、過去の経験によって保持するようになった考え方を無批判的に受容するのではなく、それらを反省的に振り返り、今現在、この状況における自分が本当に支持できるものなのかどうかを判断することである。

では、どうすれば個人はこのように自らの状況と経験を批判的に吟味し、個性を発展させることができるのだろうか。ここで重要になってくるのが、社会の多様性である。というのも、わたしたちは新たな経験や価値と出会ったときに、それまで保持してきた価値観を振り返り、新たな考えと比較考慮することによって道徳的な選択をすることが可能となるからである。そして、個性を発展させる社会の多様性を確保するには、思想と言論の自由が不可欠である。

† 思想と言論の自由

『自由論』第二章において、ミルは思想と言論の自由について詳細に論じている。ミルは、功利主義の立場から、常識を逸脱した意見、誤った意見、異端的意見でさえ、帰結主義的に擁護できると主張する。ミルは、思想と言論の自由が必要な三つの理由を挙げている。

第一に、抑圧された意見の中に真理がある可能性がある。ある意見を絶対だと確信して他の意見を沈黙させることは、人間の無謬性――間違う可能性がないということ――を仮定することに他ならない。歴史を振り返れば、ソクラテスのように現在では偉大な人物として認められているにも関わらず、過去には異端者として非難され、処罰された者もいる。よって、今現在、どんなに受け入れ難い意見であっても、それを沈黙させることは人類が新たな知を発見する妨げとなる可能性がある。

第二に、思想と言論の自由は、意見を理性的かつ自発的に支持するために必要である。ミルによれば、ある意見が正しいと判断する根拠は、それに対する（できるだけ強力な）反対意見にさらすことによって見出すことができる。

更に、その意見がたとえ真理でも、それが充分、頻繁に、かつ大胆不敵に論議されないならば、それは生きている真理としてではなく、死せる独断（dogma）として抱かれているだけだという。たとえば、「民主主義は、良い政治体制である」という現在では広く受け入れられている意見も、その反対の独裁や権威主義体制が存在しなければ、あるいはそうした制度と対比されることがなければ、わたしたちが民主主義を支持するべき理由は忘却されてしまう。

第三に、真理が多角的であることが挙げられる。人間は、個人的状況、社会環境、経験、知識、能力といった、様々な面で制限された存在である。よって、どんなに正しく、根拠を示すことができる意見を保持していようとも、その意見は真理の全てを捉えきることができない。対立する意見として、ミルは、「民主制と貴族制、財産と平等、協力と競争、奢侈と禁欲、社交性と個人性、自由と規律」などを挙げている。これらはいずれをとってみても、どちらか一方が正しいというわけではなく、それぞれが真理を分有している。もしも思想と言論の自由が保障されていなければ、社会は一面的な立場にとらわれ、より広い視野から真理を捉える契機を失ってしまう。

限定された人間が真理に近づくためには、様々な意見の間の均衡が必要であり、そのためには多様な意見の間の公平な論議と寛容がなければならない。

以上の議論を踏まえ、ミルにとって自由の意義は、対立意見の論争を可能にすることであるということが分かる。社会の中に論争があることは、個人の発展を促す。こうして個人の個性を育成することによって、社会を進歩させる新しい価値や意見が創造される。このように、ミルの自由論は、個人を完成し、それによって社会的進歩を遂げることができると考える点で、彼の進歩主義的な質的功利主義と一貫している。

4 他者危害原理

これまで、ミルが自由と多様性を支持する理由について考察してきたが、最後に自由の限界について見ていきたい。『自由論』第二章が意見の自由を擁護しているのに対し、第四章は、個人が自己の意見に基づいて行為する行動の自由について論じている。その範囲を定めるのが他者危害原理である。

他者危害原理とは、政府や社会、(個人を含む)他者が、個人に対して権力を行使することが許される原理を、つぎのように規定する。

人類がその成員のいずれか一人の行動の自由に、個人的にせよ集団的にせよ干渉することが、正当な根拠をもつとされる唯一の目的は、自己防衛である。文明社会のどの成員に対してにせよ、彼の意志に反して権力を行使するのが正当とされる唯一の目的は、他の成員への害の防止である。(『自由論』一章)

更に、行為を「自己に関わる行為 self-regarding action」と「他者に関わる行為 other-regarding action」とに

区別し、後者が他者に危害を加える場合のみ、個人の自由を正当に制限することができるとする。それ以外の行為に関しては、「自己自身に対する個人の主権」が尊重されなければならない。

ミルがこのように自由への介入を限定する目的として、まず彼の中心的問題関心であった個人に対する社会的抑圧とそれによる集団的凡庸性を防止することが挙げられる。更に、本章第二節で触れたとおり、介入の正当性を危害という経験的帰結に依拠させることによって、直観主義によるパターナリズムを回避しようとする意図がある。よって、たとえばどんなに相手の魂を救いたいという善意からであっても、個人に信仰を強制することは不当な介入となる。更に、たとえば飲酒のように、行為者自身に害が及ぶと思われる行為に関しても他者に危害が及ばない場合は、説得することは許されるが、強制的に禁止したり罰したりすることは不当になる。

ミルの危害原理をめぐって、自己に関わる行為と他者に関わる行為をどう区別するのか、不快感を含め、何が「危害」に含まれるのかなど、これまで多くの論争が交わされてきた。こうした論争の内に、功利主義的立場からどのように他者危害原理を擁護することができるのかという問題がある。功利主義は経験的に実証不可能な自然権を否定する。よって、個人の自己に対する「主権」と他者からの介入の限界を、自然権以外の原理に求めなければならない。功利の原理が、快楽を増大させる行為を正しいとするのであれば、個人に対する介入が社会全体の最大幸福を導く場合——それがたとえ特定の個人の利益を害したり、パターナリズム的介入であったりしても——道徳的に正しいということになるはずである。これに対し、ミルは、徹底して功利主義の立場から、個人の自己に対する主権と他者の介入の制限を擁護しようとする。すなわち、可能な限り広範な個人の自由を確保することによってこそ「進歩する存在としての人間の最も広い意味における」(『自由論』一章)最大幸福原理が実現できるとすることで、個人の主権を直観的に自明なものとしてではなく、経験的に実証可能な個人と社会の発展を導く条件として擁護する。

また、危害原理によって、個人に対して積極的義務を強制することが正当かどうかという問題がある。『自由論』において、ミルは他者に危害を加える行為を抑止したり罰したりするだけでなく、「他人の利益のための積極的な行為も多数存在している」と述べている。これらの内には、

たとえば、法廷において証言すること、共同の防衛に参加して応分の務めを果たすこと、自分が保護を受けている社会の利益のために必要な共同作業を分担すること、また、同胞の生命を救い、虐待に対する防御力のない者を保護するために干渉をするというような、ある種の個人的な慈善の行為を行うことなどが含まれる。それらを行うことが明らかに人たるものの義務である場合には、彼はそれを為さないことに対して、当然社会に対して責任を負わされるのが正しい〔…〕人は彼の作為によってだけでなく不作為によっても他人に害悪をなしうるが、そのいずれの場合にも、彼は当然被害者に対してその害悪の責めを負わねばならない。(『自由論』一章)

このように、個人の行為が他者に危害を加える場合だけでなく、他者に危害が及ぶことを防ぎ、もしも危害が及んだ場合にはそれを取り除くよう、個人の行為を正当に強制しうるとされている。このような積極的義務を危害原理によって正当化できるかどうかは、強制の対象となるのが他者に危害を加える行為に限られると考えるのか、あるいは他者への危害を防ぐ行為も含むと考えるのかによって立場が分かれる。

5 おわりに

ミルの『自由論』は、出版されてから現在に至るまで、自由主義の古典として不動の地位を築いている。一九世紀イギリスの問題意識に真摯に取り組んでいながら、多数者の専制に対する社会的自由と個性、多様性と寛容といった、今なお重要なテーマを鮮明に描いている。また、ミルの功利主義や危害原理をめぐり、功利と正義、

権利と公共の福祉など、倫理的問題をめぐる議論が数多く交わされてきた。しかし、これらの影響にとどまらず、ミルの思想は現在の自由主義とは異質な自由主義理論を展開していることでも注目に値する。

ミルの自由主義は、現在では「完成主義的自由主義 perfectionist liberalism」と称されることがある。ロールズ以降、二〇世紀後期の自由主義との対比において、個人と社会の完成という理想を理論の中核に据えていることがその所以である。反対に、ロールズは、社会の基本制度の第一原理は正義であると述べている。社会契約を前提とするロールズの「政治的リベラリズム」の主要目的は、異なる価値や信条を抱く個々人にとって、理性的に合意可能な社会的協働の条件を導き出すことである。この限りにおいて、自由主義的政府の目的は個人の発展や完成を目指すことではなく、多様な善の構想の間で中立的な正義を保障することである。ロールズの自由主義は、個人が自らの善の構想に従って生きる道徳的能力と権利は認めているものの、自ら選択する生き方を人間が目指すべき善き生の理想として掲げることも、それを積極的に促進することが政府の役割であると主張することもない。

これに対し、ミルにとっての問題関心は、異なる個人がどのように合意可能な仕方で共に生きることができるかではなく、むしろ平等化しつつある社会において過度に一元化された人々が、いかに個性を開花させることができるかであった。ミルの目的は、人々が無批判的に受け入れるようになった「常識」を批判的に吟味することを促し、社会の進歩を導くことである。このため、ミルの自由主義は、どのような生き方であれ、それを自らの選択によって個性的に生きること、その条件として社会的自由と多様性が確保されること、論争と議論による新たな価値の発見と誤りの修正が行われることなどを、社会が目指すべき理想として積極的に掲げる。政府は人々に自律的に生きることを強制することはできないが、それを促進させようとすることはできる。

個性の完成を目指すミルの自由主義は、現在の自由主義を批判的に吟味するための鏡でもある。

〔文献〕

ジョン・スチュアート・ミル／川名雄一郎・山本圭一郎訳「功利主義」『J・S・ミル　功利主義論集』（京都大学学術出版会、二〇一〇年）
ジョン・スチュアート・ミル／塩尻公明・木村健康訳『自由論』（岩波文庫、一九七一年／二〇一〇年）
ジョン・スチュアート・ミル／朱牟田夏雄訳『ミル自伝』（岩波文庫、一九六〇年）
児玉聡『功利と直観』（勁草書房、二〇一〇年）
小泉仰『J・S・ミル』（研究社、一九九七年）
杉原四郎・山下重一・小泉仰編『J・S・ミル研究』（御茶の水書房、一九九二年）
関口正司『自由と陶冶―J・S・ミルとマス・デモクラシー』（みすず書房、一九八九年）
山下重一『J・S・ミルの政治思想』（木鐸社、一九七六年）

第9章 アーレント

■全体主義に抗する複数性の政治

【キーワード】全体主義、人間性、活動、労働、仕事、公的領域、私的領域、間、複数性、自由＝解放（liberty）、自由（freedom）、共和主義、観想

1 全体主義、テロル、大衆社会

ハンナ・アーレント（Hannah Arendt 一九〇六–七五年）は、ドイツのユダヤ系の家系に生まれた。彼女は社会民主主義運動に参加していた両親やユダヤ教に熱心な祖父の影響のもとに育った。若きアーレントは、ハイデガー次いでヤスパースに師事したが、ヒトラーが政権を獲得した後の一九三三年にドイツから脱出し、一九五一年にアメリカへの帰化を承認されるまでの一八年間の長きに渡る亡命生活を過ごした。第二次世界大戦後、亡命先のアメリカを拠点として、第一級の政治哲学者・政治思想家として活躍した。

アーレントの政治思想の主題は、「ポリス（政治）的動物としての人間」が党派性に縛られずに生きることを可能にする条件の探求である。アーレントがこの課題を追求するようになったのは、かつてない大量殺戮を可能にした「全体主義」という、「ポリス的動物としての人間」の人間性（humanitas）の解体現象の発生を問題としたからである。

思想的課題の重点は晩年にシフトするが、晩年までのアーレントは、全体主義批判から、古代ギリシアに遡行

して人間性の条件を探求し、人間性を育む活動の重要性を明らかにした。アーレントは、晩年に活動と観想の結び付きに焦点を当て、後者の観想の重要性を解き明かそうとした。

もちろんこれらの課題を追求するうえで、自身の亡命生活と、ホロコーストの犠牲として捧げられたユダヤ人としてのアイデンティティが、問いを推し進めていく原動力になった。まず、彼女に終生に渡る課題を突きつけた「全体主義」について述べていこう。

アーレントは、『全体主義の起源』（一九五一年）において、二〇世紀初頭のヨーロッパの新しい政治秩序である全体主義へと至る、ヨーロッパ文明の崩壊過程を描いている。

帝国主義の総決算ともいえる第一次世界大戦（一九一四－一八年）が、一九世紀的なヨーロッパの政治秩序に終止符を打ち、二〇世紀初頭のヨーロッパの新しい政治秩序である全体主義を台頭させる。

ハンナ・アーレント

　全体主義の出現は、同時にヨーロッパを可能にした人間性の解体へと至る道であった。二〇世紀的政治秩序は、国民国家と階級社会の双方の解体によって生じる。第一次世界大戦の後、敗戦国を襲った超インフレによって大量の失業者が街に溢れた。それと同時に隣接する諸民族への憎しみが高まり、諸国家は、国内の少数民族を敵視し国外追放処分にする傾向にあった。

　大戦後のヨーロッパは、史上かつてないほどの失業者と難民と無国籍者の大群で溢れかえっていた。かれら無国籍者や失業者の群れは、治安維持のため警察の力を高めることになった。その中でもあらゆる民族の隣人であったユダヤ人への憎悪が高まってゆく。様々な少数民族が国外追放処分を受け、当然、多くのユダヤ人たちも国外追放処分を受けた。彼ら無国籍者は、故郷を喪失するとともに国家によって保障されていた様々な政治的権利を失ってしまう。国を追われた難民たちは、人権を剥奪された「生ける屍」となったのである。亡命者アーレントもその一人であった。

アーレントは、全体主義の出現が、西欧近代社会が大衆を政治に参加させる大衆民主主義社会になったことに起因する問題と考えた。難民と同じく、資本主義の進展と第一次大戦後の革命や恐慌によって、それまでの伝統的な階級社会が解体してしまう。その結果一般市民たちは、精神を荒廃させ、根無し草となった大衆の相貌を帯びてくる。

大衆は、能動的市民というより、権威に追従する受動的な存在者である。国民国家の成立によって、政治的な諸権利が確立され、代表制が機能しはじめると、国内における自由獲得のための闘争の余地が失われ、他人に政治をまかせてしまう受動的態度が一般化する傾向にあった。資本主義の進展に伴い、階級的・職業的な流動性が高まることで、階級社会は終焉し無構造的な大衆社会となる。大衆社会は、伝統的な共同体や階級的秩序を喪失したアトム化したバラバラな人々の集まりである。

このような大衆現象を上手く利用しようとしたのが、ドイツのナチズムとソヴィエトのスターリニズムであった。それらの全体主義体制は、プロパガンダを駆使して、大衆が安住するような、現実を歪曲した擬似宗教的な世界観に基づいたイデオロギーを提示することで、伝統から切り離され心理的に不安定化した大衆を惹きつけていく。

ドイツのナチズムは、スケープゴートとしてのユダヤ人に対する憎悪をかき立てながら、ゲルマン神話に基づいたイデオロギーによって大衆の組織化へと向かう。他方のソ連のスターリンは、唯物弁証法という理論を手段にして、政敵を打倒していった。ナチズムとスターリニズムは、政敵を殲滅することによって、独裁体制を確立する。

この二つの全体主義は、秘密警察と強制収容所というテロルを統治手段として用いた。密告を奨励し、反体制者や第一次世界大戦後に大量に発生した無国籍者たちを強制収容所に送り込むことによって、人々の間に猜疑心と恐怖を植えつけたのである。

バラバラな人々の集合にすぎない大衆たちは、もはやそれらの手段に抗することはできなかった。全体主義運動は、党員だけでなく国内に数多くのシンパサイザー（同調者）を募り、その支配を強固なものとしていった。大衆は、この密告社会において、常に脅迫的に同調を促されることで、体制を支持することになる。テロルという手段を用いた脅迫によって、孤立し分断された個人の集合である大衆社会が打ち立てられたのである。

二つの全体主義体制は、テロルを貫徹することによって、限りなく個人の自由を否定し、生活の隅々にまで支配力を及ぼし、人々の間にある政治的な自由の空間を奪ってしまったのである。大衆（mass）は、これにより言論の次元を失った物言わぬ塊（mass）となってしまったのである。

その全体主義体制のテロルの極限が、アウシュヴィッツであった。このような体制下で、軍事的・経済的合理性を犠牲にしてまで、ナチスは、「発生学的に劣等な人種の淘汰」を目的に、六〇〇万人以上とも言われるユダヤ人を強制収容所に送り込み、ホロコーストの犠牲として捧げた。このような全体主義体制が生み出した、大衆による蛮行を表現する人格の在り様が、アドルフ・アイヒマンの中に現れる。

大戦中に国家公安本部のユダヤ人担当の任にあったアイヒマンは、ヨーロッパ全土での大量虐殺を組織した責任者として、戦後ブエノスアイレスで拘束され、移送先のイスラエルで裁かれることになった。アーレントは、その裁判を傍聴し、アイヒマンが絞首刑になった後に『イェルサレムのアイヒマン』(一九六三年)を刊行し、その悪の姿を描きだしている。

アイヒマンは中流家庭の出身であったが、第一次大戦後に没落した階級脱落者であった。彼は、失業中にその綱領も知らぬままナチスの党員となる。アイヒマン自身は、熱烈な反ユダヤ主義者ではなかった。

アイヒマンは、官僚システムの一つの歯車としてナチスによるユダヤ人の大量虐殺という最終解決を粛々と遂行する有能な組織人であった。アイヒマンは、自らが罪を犯しているのではなく、自らの義務、上からの命令、法律の義務に忠実に従っていると自認していた。

彼には、恐るべき欠点があった。それは「考える能力の欠如」と「完全な無思想性」である。アーレントは、アイヒマンの内に存在する、善悪を思考し判断することを放棄した「完全な無思想性」こそが、全体主義の時代における最大の犯罪者の一人になる素因であると指摘した。

全体主義に同調した大衆は、多かれ少なかれ、アイヒマンに現れた「考える能力の欠如」と「無思想性」を共有していた。というのも人々は、思考と思想を放棄する自己欺瞞によって体制に同調し、自らを自己防衛していたからである。全体主義を支えた大衆社会において、例外はあるものの、人々は、人間性の核となる良心と個人としての意志の次元を消失させてしまったのである。アーレントは、全体主義とそれを可能にした大衆社会の存在が、西欧近代の「良心を有する理性的人間」という人間像を現実から遊離したものにしてしまったことを証したと考えたのである。

2　人間性を育む活動の条件

アーレントは、全体主義とそれを支える大衆社会の出現というヨーロッパ文明における人間性の解体現象の分析から、ヨーロッパ文明の源流である古代ギリシア・ローマ世界にまで遡って、ヨーロッパ文明における人間性のはじまりを考察しようとした。

古代ギリシアの政治を理想的なものとして描き出すアーレントの議論は、現代における政治の混迷を映し出す鏡のようなものだと考えることができる。この古代ギリシアの人間性との対比によって、全体主義へと至った近代ヨーロッパの政治のあり方と人間性の解体現象が逆に照らし出されてくる。その意味で、アーレントの『人間の条件』における考察は、私たちが、政治的混迷から抜け出すためのヒントを数多く与えてくれる。

アーレントによれば、古代ギリシアで生まれた政治的共同体としてのポリス社会は、ヨーロッパ文明の源流となる人間性の理念を作り上げた。その人間性は、共同体を構成する一人前のメンバーとして認められた「市民」たちによる政治的活動の成果であった。

アーレントは、古代ギリシアにおける人間性の形成を考える際に、人間性の条件となる「人間活動 human activities」の三つの類型を抽出している。

まず第一に労働（labor）であり、次に仕事（work）、そして活動（action）である。はじめの労働とは、生殖や生存など人間の生物としての生存を可能にする行為である。たとえば、農作業、食事、生殖、育児などを考えればよい。次の仕事は、持続的な使用に耐える道具を制作する行為である。農具や衣服、ベッドや机、教材などの制作を考えればよい。そして三番目の活動は、古代ギリシアにおいて、私的利害から離れた市民たちが、公的領域においてポリスの全体にとっての善きことである「共通善」について自由に討論し、自己決定するという民主的な営みであった。この活動こそが、古代ギリシアにおける人間性を可能にした行為であった。

古代ギリシアにおける三つの人間活動を可能にしたのが、公的領域（public realm）と私的領域（private realm）

の区分であった。公的領域は、法によって維持されたポリスが、民会という人々が活動する「現れ appearance」の空間を維持したことによる。この「現れ」の空間は、人々の間に「間 in-between」を置くことによって、人々の間に距離を作り出し、人々が自由なコミュニケーションによって結び付くことを可能にした。

ギリシアのポリスは、法を整えることによって、人々が公的領域において被る「仮面＝人格 persona」としての法権利を授け、自由な活動のための舞台装置を作り上げた。この法的に整えられた舞台の上では、生物学的な必要や暴力は排除されている。

法権利の主体である市民たちは、言語的コミュニケーションに基づいた言論（speech）や説得によって合意を得ようとする。その際共通善の実現を目的とした公的領域において、「仮面＝人格」を被った市民たちは、お互いに卓越性と名誉を競いあい、演技的なパフォーマンスを行う。

この公的領域という討議空間における交流の中で、市民たちは、他者のパースペクティブを学ぶとともに、自らの言論を磨き上げるための技術である弁論術、修辞学、論理学などの教養を身につけ、自らの「偉大さ」を示そうとした。

このような名誉を求め卓越性を競い合う活動を通じて、市民たちが他者の言論を学ぶことによって、自らのものと異なる「視野 perspective」を身につける。それとともに、市民たちは、古典的な教養としての人間性を育むことで、それぞれの「視点 aspect」の複数性（plurality）を露にしたのである。この複数性とは、人々との間にある間の空間によって現れる複数の視点であり、それらが有する多元的な価値観である。公的領域における複数性の現れによって、市民の多様な言論や物語が現実的なものとして共有されていくのである。

古代ギリシアのポリスは、このような公的領域という世界における活動によって形成され共有される事物によって結び付く〝res publica（res 物 ＋ piblica 公共の）〟という意味での共和主義（republicanism）の原型であった。

このような人々の複数性を露にする公的領域こそが、全体主義において決定的に欠けていた。全体主義体制における悪の本質は、多くの人々を殺害したこと以上に、真理を独占するイデオロギーとテロルに媒介された同調圧力によって人々の自由な現れとしての複数性を可能にする間の空間を抹消したことにあった。

古代ギリシアにおいて公的領域における活動を可能にしたのが私的領域であった。私的領域は、「家 oikos」を運営する術である「家政術 oikonomia」によって営まれる領域である。行為の三類型で言えば、労働と仕事の領域にあたる。古代ギリシアにおける「家」は、奴隷や職人の労働力によって行われる農業や工業の領域であった。その領域では、自由な活動ではなく、家長の物理的暴力による支配が行われ、人の生物としての欲求を満たすことが追求された。私的領域で生み出され消費される事物や事柄は、公衆の目に晒される必要がなく、家の中で処理されるべきものだとされた。

古代ギリシア人は、法によって公的領域と私的領域を明確に区分し、私的領域における生物学的な必要と暴力が、公的領域に入り込まないようにすることで自由な「活動」を維持したのである。

古代ギリシア人は、公的領域における活動が許されない私的領域を「剥奪されている、欠如している」状態と見なした。古代ギリシアにおけるはじまりの人間性は、このように公的領域と私的領域の峻別によって保たれていたのである。

神的な真理によって公的領域が包摂され埋没していた中世が終わり、近世を経て近代的な市民社会が成立するとともに公的領域は復活してくるが、同時に古代ギリシアにおいて人間性を可能にした条件が変容してしまう。

アーレントによれば、その変質の原因は、近代的な市民社会が、政治的共同体を公的に結び付ける共通善ではなく、経済的・私的利害の調整を政治的問題として扱うことになったからである。これは、古代ギリシアにおける活動を下支えしていた私的領域が、公的領域へと侵食しはじめたことの証である。近代の市民社会では、活動と労働と仕事の境界線が失われてしまうのだ。

アーレントは、近代において公的領域と私的領域の区分が不明瞭となった領域を社会的領域（social realm）と呼ぶ。国民国家の理念を基礎とした近代の市民社会では、古代ギリシアで労働や仕事を受け持った奴隷は解放されてしまい、女性と子供もまた家長の所有物ではなくなってしまう。資本主義経済の進展とともに家族は、核家族化し、全ての成年男子は、対等な「市民」となる。これによって家長であるところの市民たちは、生活のための労働や仕事に従事しなければならなくなる。

市民たちによる社会的分業によって、社会全体は労働と生産のシステムをかたちづくるようになる。その結果、私的利害から離れた共通善ではなく、経済についての事柄が、政治の主題となってしまう。そこでは、物質的な私的利害とかかわる、消費者問題、雇用問題、貧困問題、医療問題、教育問題、環境問題などが扱われる。人々は、もはや私的利害から離れて、自由な活動に専念することが難しくなり、特殊な利益団体の代表の「利害interests」に基づいて、政治を行うようになる。

アーレントは、労働を人間の本質と見なしたマルクス主義と異なり、活動こそが人間性を育むと考えていたので、当然、合理化された労働が必ずしも活動を許すものではないことを指摘していた。労働や仕事を重視し、活動を軽視することは、実のところ人間疎外を推し進めてしまう。それはソヴィエトにおけるスターリニズムによって、極端なかたちで実証された。

物質的・生物的な利害に囚われた社会領域では、人々の行動が画一化されてゆき、私的利害から切り離された活動によって育まれた複数性が失われていく傾向にある。これによって人間の条件が崩れ落ち、同時に人間性も失われていく。私的利害を基礎として画一化された行動様式が蔓延し、他者の視野と視点を見失うことで思考停止となり、複数性が消滅してしまうのである。

この複数性を喪失した塊（mass）としての大衆社会の出現こそが、『全体主義の起源』で扱われた全体主義へと至る人間性の崩壊現象を可能にした基盤であった。

3 「自由（freedom）」を創設したアメリカの共和主義

共和主義における市民的徳について述べた代表的思想家は、マキャベリ、ハリントン、モンテスキュー、ヒューム、ルソーなどであった。その中でもアーレントは、これまで述べたように政治的な自由を複数性と結び付けて論じているところに特徴がある。

アーレントは、『革命について』（一九六三年）で、一八世紀のフランス革命とアメリカ革命を比較検討し、複数性の政治を可能にした、アメリカの共和主義の伝統の重要性を論じている。その際アーレントは、自由＝解放（liberty）と自由（freedom）の違いを重視している。

アーレントによれば、フランス革命は、自由＝解放を目指すものであり恐怖政治へと結び付いている。アーレントは、フランス革命を論じると同時に、その批判の対象としてロシア革命（一九一八年）を射程に入れている。アメリカ革命は、公的な活動を可能にする自由（freedom）の創設を目的とした共和主義体制を構築するものであった。アメリカの共和主義は、自らの所属する共同体の政治に参加する、各々の市民の責務が自由と不可分であるとする。

前節で論じたように、アーレントにとって政治的な自由とは、公的領域で活動を行うことであり、その自由を行使するために、人と人との間の空間を必要とする。公的領域を確保することによって、市民たちは、ポリスの伝統を共有し、自らの名声を不朽のものにしようとした。それは、政治秩序としての共和主義の原型であった。

アーレントが市民の政治参加を重要視したアメリカ革命を高く評価したのは、アメリカの「建国の父祖」たちが、人為的な構成物としての「憲法 constitution」を作り出すことによって、政治的な活動を行う基盤を作ったからである。

アメリカの共和主義体制は、村、市、地区、群区、群などにおける幾層にも渡る公的領域における活動によって営まれる地方自治を背景にしていた。「建国の父祖」たちは、そのようなローカルな活動を重視した「憲法＝国家体制」を創設し、活動の条件となる「公的見解を形成するための永続的制度」を作り上げた。公的意見を交わすために法的に整えられた共和主義体制として、古代ギリシアの「ポリス」とアメリカの「憲法＝国家体制」は近似しているのだ。

他方のフランス革命は、自由＝解放（liberty）を目的とするものであった。自由と解放を結び付けて考えることのないアーレントは、フランス革命の特徴である「共感の政治」の問題点を指摘する。

ルソーは自然人の共感の能力を重視し、「憐れみの政治」の理論的基礎を提供した。ルソーの思想に影響された革命の指導者たちは、貧者などの社会的弱者に共感し、社会的抑圧からの自由＝解放を志向する。生物としての必要を脅かす貧困や社会的抑圧からの自由＝解放を目指すことは、当然、活動を可能にする政治的秩序ではなく、労働や仕事を重視する社会秩序の構築を要請する。抑圧や貧困からの解放の志向は、社会主義的な意味あいを帯びた社会秩序を形成する傾向にあるのだ。

ロベスピエールに率いられたジャコバン党は、自由＝解放という真理を独占し、それを実現すべくフランス全土に党組織の網の目を張り巡らし、密告を奨励することで、人々に相互監視することを強いた。そこでは、アーレントの言う意味での活動を可能にする人々の間の空間が奪われ、自由（freedom）を行使する余地が失われてしまう。アーレントによれば、政治によって貧困や社会的抑圧を解消しようとする自由＝解放の目論見は、テロルを呼び寄せ、結果的に革命を破滅に追いやってしまう。

このような自由＝解放を目指す共感の政治は、人間の解放を目論むマルクス主義にも引き継がれた。アーレントは、レーニンを「フランス革命の最後の相続人」であるという。レーニンの共産党もまた、ロベスピエールのジャコバン党のように、党組織の網の目を張り巡らし、密告を奨励することで、人々に相互監視を強い、大量の政敵を処刑する恐怖政治を実現させた。そこでは、アーレントの言う意味での活動を可能にする人々の間の空間が抹消され、政治的な自由の余地が存在しえなくなってしまう。

憐れみに基づいた解放の政治は、単一の世界観・価値観によって、人々を支配するような政治的権力を生む傾向にあるのだ。人々が身分制に基づく封建的抑圧から解放されても、共通善に基づいた活動としての政治を行わなければ、人々は自由ではないのである。アーレントにとって政治的な自由とは活動することと同義なのである。

フランス革命やロシア革命と異なり、アメリカ独立戦争に端を発するアメリカ革命では、共通善を共に探求する政治的共同体における活動としての自由が存在した。活動を通じて育まれる人間性の獲得に自由を見るアーレントは、解放＝自由によって出現する自然人の人間性を認めることはない。社会的に歪められた偽りの仮面を取り去っても、すばらしい人間性が露になるのではない。仮面の背後には、私的領域における暴力性、性欲などの動物的欲求しか存在しないのだ。

価値観の複数性は、活動の成果に他ならない。近代においてそれを可能にしたのは、解放＝自由を目的としたフランス革命ではなく、自由（freedom）を志向したアメリカの共和主義だったのである。

アーレントは、ソローの非暴力的抵抗を思想的原点とし、キング牧師などのアメリカの公民権運動に見られるような「市民的不服従 civil disobedience」のあり方も活動の顕れとして評価する。市民的不服従によって、良心に基づく「自発的結社 voluntary association」が作られるが、それは複数の人々の合意によって生じるアソシエーションに他ならない。アソシエーションは、「憲法＝国家体制」に欠如していたものを補うような活動のあり方である。アメリカの伝統では、メイフラワー号事件以来、自発的なアソシエーションの活動が危機から脱出する際の突破口になってきた。市民による自発的なアソシエーションは、公衆に対して集団として行為し自らの正当性を訴える活動に他ならず、「憲法＝国家体制」の危機に際して政治空間における複数性を増大させてきたのである。

ところで、フランス革命やマルクス主義を批判的にみるとはいえ、アーレントは、社会主義的な体制を単純に否定しているわけではない。アーレントは、フランス革命の際の「人民協会」、「パリ・コミューン」（一八七〇年）、ドイツ革命（一九一八－一九年）の「労働者兵士評議会」、ソヴィエトにおける「クロンシュタットの反乱」（一九二一年）、ハンガリー革命（一九五六年）の際に出現した「評議会（レーテ）」など、自発的な自治組織としての「評議会」を高く評価している。アーレントによれば、これらの「評議会」もまた自由の空間であった。時の権力によって圧殺されてしまうことになったが、これらの評議会は、革命そのものを通じて現れてくる、活動をもっぱらとする自発的機関であった。

4　活動を条件づける観想的生活

アーレントは晩年、物事の本質について落ち着いて熟慮する哲学的な観想の重要性を唱えるようになる。その思索は、「真理と政治」（一九六七年）、『精神の生活』（一九七八年）、『カント政治哲学講義』（一九八二年）などの著作で展開されている。

この「観想的生活」は、「活動的生活」とともに、キリスト教の修道院で使われていた用語であった。西欧に

図9-1　アメリカ革命とフランス革命

アメリカ革命：「自由（freedom）」を目的とする「共和主義」
⇒　活動と複数性を支える「憲法＝国家体制」
※説得と合意による政治

↑
対　立
↓

フランス革命（ロシア革命）：「自由＝解放 liberty」を目的とする「憐れみの政治」
⇒　活動と複数性を抹消する「労働」を中心とした社会
※テロルを用いる傾向

おける活動に対する観想の優位は、アリストテレスの「観想＝理論」「実践」「制作」の区分へと遡行することができる。観想の優位は、観想の人であるとともに活動の人であった哲学者ソクラテスの処刑以降に確固としたものとなる。

観想的生活の意義は、私的領域に引きこもり、事物の本質についてじっくりと考えるための観想の時間が足りなければ、人々は活動のための十分な準備ができないことから生じる。観想は、ヒトが「ポリス（政治）的な人間」として生きていくための条件なのである。

アーレントは、「真理と政治」において、理性の志向する真理が政治を制約し、自由な活動のための基盤になることを指摘していた。つまり討議においても、理性にとって許容しがたい虚偽の意見は、その言明の妥当性を主張しえないのだ。

アーレントの『精神の生活』は、「観想的生活」のあり方とその意義を明らかにしようとするものであった。「思考 Thinking」「意志 Willing」「判断 Judging」の三部作になる予定であった。だが「判断」を書いている最中にアーレントが死去したため、未完の著作となった。

私が属する世界の現在のあり方を把握する「思考」は、現在の結び付き、現在とは異なった状態をもたらそうとする。未来思考である「意志」は、人々を自らの内に潜む「自由という深淵」に直面させる。そこには、複数性の基底となる経験的な個体性の次元が存在するのである。

最後の「判断」だが、アーレントは、判断を過去志向の精神の作用として位置づけている。その記述は彼女の死によって未完に終わったものの、一九七〇年に行われた「カント政治哲学講義」の中で、判断の問題が論じられている。そこにおける論述を参考にすることでその内容を推定することができる。アーレントは講義の中で、カントの『判断力批判』における美についての「趣味判断」を「政治的判断力」に読み替えるとともに、公衆とそれを構成する「観客＝注視者 spectator」の重要性を強調している。

カントによれば、人々は、「これは美しい」あるいは「これは間違っている」という「美的判断（趣味判断）」を下す際に、他者の「同意」を求める。その同意を求める際に、人々は、他者と共有していると想定される共通感覚に訴える。この共通感覚は、個人のものではなく、およそ理性的な人間であれば、同じように感ずると想定されるものである。

人々は、美的判断における「一般的伝達可能性」のもと、私的なものを超えた、他者と共有される共通感覚に訴えかけることによって、より「拡大された思考様式」へと抜け出ることを要請されるのである。このようなカントの判断についての分析は、当然アーレントの活動の概念と結び付く。

カントの想定は、原理的に考えれば、判断の当事者から離れた、第三者的な中立的な観察者の立場を要求するものである。アーレントは、その観察者を「公平な＝非党派的注視者 impartial spectator」と呼んでいる。

カントの美的判断を政治的判断に置き換えるならば、観察者は、法廷における裁判官と同じように、政治的出来事が生じた後で、その出来事の意義を自らの属する共同体を代表するかたちで判定することになる。観察者は、政治的判断を下す際、裁判官のように、過去の政治的共同体における過去の判例を参照して判断を下すのだ。これは、それまで共同体の中で現れてきた複数の他者の視点を取り入れることと同義である。

アーレントは、「共通感覚」と「拡大された思考様式」の二つを合わせて、「拡大された心性」と呼んでいる。この「拡大した心性」こそが、孤立した私の思考を人類という仮想の普遍的な共同体へと結び付けることになる。

それは、ルソーの憐れみとは異なる。ルソーの憐れみという共感の原理に基づいた政治は、かならずしも複数性や公平な観察者を条件とせず、テロルへと向かう傾向性を帯びている。必ずしも活動している当事者が、正しい判断を下すわけではないのだ。

その判断を偏ったものにしないために、より拡大した心性に基づいた「説得」と「合意」を促す討論の過程が必要になってくる。他者に媒介された共通感覚を経ない判断、他者の批判を許さぬ真理は、狂気と破壊の道に通じている。

「拡大された心性」に依拠することで公衆たちは、様々なパースペクティブの複数性に基づいて、政治的問題を注視することができるようになる。そのような公平な＝非党派的注視者に媒介された政治的・歴史的な判断は、複数性の領域を拡大させ、より偏りのないものとなる。このような開かれた討議によって営まれる公的領域における活動に従事することで、私たちは自らの抱く私見の「一般伝達可能性」を検証し、お互いの「拡大された心性」を鍛え合っていくのである。

結果的に、開かれた活動を通じて、私たちは、自分たちの精神の働きの根源的な同一性を確かめると共に、それぞれの価値判断が微妙に違うこと、つまり多元的な複数性を発見することになる。

アーレントの「カント政治哲学講義」で通してみると、カントが「啓蒙とは何か」で論じた世界市民の視点とは、活動を通じて「最大限に拡大された心性」に基づく物の見方であり、政治的に最大の多元的な複数性を許すものであると解釈することができる。

活動は、「拡大された心性」に基づいた観察によって補われることで、より公平で非党派的なものとなり、複数性が増大した政治的共同体（ポリス）を構成し、人間性とそれに基づいた自由の行使を可能にするのである。

その意味で、アーレントが主張するように公的領域における活動は、私的領域における観想によって培われる

「思考」、複数性を露にする「意志」、公平な観察に基づく「判断」を必要とするのである。

〔文 献〕

ハンナ・アーレント／大島通義・大島かおり・大久保和郎訳『全体主義の起原（1・2・3）〔新装版〕』（みすず書房、一九八一年）
ハンナ・アーレント／大久保和郎訳『イエルサレムのアイヒマン―悪の陳腐さについての報告〔新装版〕』（みすず書房、一九九四年）
ハンナ・アーレント／志水速雄訳『人間の条件』（筑摩書房、一九九四年）
ハンナ・アーレント／志水速雄訳『革命について』（筑摩書房、一九九五年）
ハンナ・アーレント／山田正行訳『暴力について』（みすず書房、二〇〇〇年）
ハンナ・アーレント／斎藤純一・引田隆也訳『過去と未来の間―政治思想への8試論』（みすず書房、一九九四年）
ハンナ・アーレント／仲正昌樹・浜野喬士訳『完訳カント政治哲学講義録』（明月堂書店、二〇〇九年）
ハンナ・アーレント／佐藤和夫訳『精神の生活（1・2）』（岩波書店、一九九四年）
太田哲男『ハンナ＝アーレント』（清水書院、二〇〇一年）
亀喜信『ハンナ・アレント―伝えることの人間学』（世界思想社、二〇一〇年）
仲正昌樹『今こそアーレントを読み直す』（講談社現代新書、二〇〇九年）

第10章 バーリン

■多元主義と自由

【キーワード】　消極的自由／積極的自由、「二つの自由概念」、価値多元主義

1 はじめに

「警察官が青ざめて、もがきながら、大衆に引きずり下ろされるところを見たのを覚えている。死ぬのは明らかだった。あの恐ろしい光景を忘れたことはない。そのせいで私は、物理的な暴力に対する生涯に渡る恐怖を覚えたのである。」この言葉は、一九一七年二月と一〇月のロシア革命をペテロブルグで目撃したアイザィア・バーリン（Isaiah Berlin 一九〇九–九七年）が、その記憶を自らの政治的原体験として語ったものである（『ある思想史家の回想』）。

滅亡間近のロシア帝国に一九〇九年に生まれたバーリンは、混乱する帝国内を転々とした後、一一歳で家族と共にイギリスに移住。ロンドンの名門セント・ポールズ校を経て、オックスフォード大学に進学。卒業後すぐに同大学で哲学チューターとして教鞭を執り始め、一九九七年に生涯を終えるまで「オックスフォードの哲学者」として活躍することになる。しかしイギリスの特権的社会の只中で、彼はロシア系ユダヤ人としての外部者意識を持ち続け、その複雑なアイデンティティは彼の思想にも反映されていく。なお、彼の生まれ故郷リガはその後

アイザィア・バーリン

ナチス・ドイツとソ連に蹂躙され続け、東欧に残った親戚の中には、ナチスによるユダヤ人虐殺（ホロコースト）の犠牲になった者もいるし、ソヴィエト政府により投獄・拷問された末、命を落とした者もいる。

このようなバーリンの個人史、また彼が生きた時代を考えるとき、彼の政治思想を一貫するテーマがヨーロッパの全体主義への警戒と批判であることは、驚くにあたらないだろう。同世代のユダヤ系知識人であったカール・ポパーやレイモン・アロンらと同様に、バーリンが第一に目指したのは自由、平等、正義といった善が最大限に実現された理想社会ではなく、抑圧や暴力といった悪から人々が解放された最低限にまともな社会であった。更にバーリンは、抽象的な理想を求めて現実社会を根源的に変えようとするユートピア主義こそが政治的暴力と抑圧を生むと考え、具体的な経験と歴史に根ざした自由主義を構想していった。この点で彼の政治哲学は、「現実的なユートピア」を高い抽象度で描こうとしたジョン・ロールズの自由主義哲学と好対照をなしている。

このようなバーリンの政治哲学を構成する最も重要なテーマとして、哲学と思想史、自由、多元主義が挙げられる。各節ごとに見ていきたい。

2　哲学から思想史へ？

バーリンはもともと政治思想（史）家として出発したわけではなかった。彼が二〇代の頃に研究・教育していたのは主に言語哲学、認識論といった純粋哲学の諸問題であり、政治哲学・政治思想史研究を専門とし始めるのは第二次世界大戦の後である。何が起こったのだろうか。

† 純粋哲学との決別

バーリンが若き哲学者として研究生活を始めた一九三〇年代は、イギリス哲学史上の一大転換期であった。それまで主流であった、ヘーゲル哲学の影響を強く受けたイギリス観念論が批判にさらされ、論理学の新たな発展を基にイギリス経験論の伝統を復興させる「論理実証主義」運動が起こったのである。G・E・ムーア、バートランド・ラッセル、ヴィトゲンシュタインらの仕事が哲学界を革新するなか、F・H・ブラッドリー、T・H・グリーン、バーナード・ボサンケットといった旧世代の哲学者の求心力が失われていった。

この新しい哲学運動にバーリンも当初、かなりの共感を示していた。とりわけ、イギリス論理実証主義のバイブルとなった『言語・真理・論理』については、その著者A・J・エイヤーと出版前原稿の「ほとんど全ての段落」を議論したという。エイヤーの最も重要な主張の一つは、真偽の対象となりうる命題は、先験的に真偽が定まる場合（たとえば、「病気の中には遺伝的に伝染するものがあるか、あるいは遺伝的に伝染するものはない。」という命題は、遺伝子を経験的に観察しなくても真、つまり先験的に真である。）を除き、経験的に検証可能でなければならない、という点だった。言い換えれば、先験的に真偽が定まらず、かつ経験的に検証不可能は文章は、真偽の対象にならないという意味で「無意味」だとエイヤーは主張したのだった。この主張の最も衝撃的な含意は、「殺人は悪だ。」といった道徳的判断に関する文章も、先験的にも経験的な検証によっても真偽を定められないため、無意味である――感情の表現でしかない――とされることだった。情緒主義と呼ばれるこの考えに懐疑的でありながらも、バーリンは観念論への反発からエイヤーの攻撃的な経験主義を歓迎したのだった。

しかし間もなくバーリンは、論理実証主義の問題点を探り始める。一九三〇年代から一九五〇年代に書かれた一連の著作で、エイヤーらの主張が精査に耐えないことを丁寧に論じていったのだ。バーリンの最も重要な批判点は、文章に意味があるかどうかを「先験的か経験的か」と、「経験的である場合、検証可能か否か」という機械的なテストを通じて判断することはできない、という点だった。たとえば、「もし私がいま北極にいたならば、いま感じているよりも寒いと私は感じるだろう。」という文章は明らかに無意味でない（「経験命題と仮言言明」：『概念とカテゴリー』所収）。しかしこの文章で言われていることは、先験的にも経験的検証によっても真偽を確立できない（検証するためには、「今」という一つの時間的地点で「ここ」と「北極」という二つの空間に同時に存在することが必要である）ため、エイヤーらの見解では無意味だとされてしまう。バーリンはこういった例を挙げつつ、エイヤーらによる文章の厳密なカテゴリー化（先験的／経験的、検証可能／不可能）は説得性を持たないと主張し、論理実証主義の中心的考えを論駁していったのである。

しかし論理実証主義が、バーリンを含む多くの同時代哲学者たちに厳しく批判され、限界を露呈した一方で、それに代わる新たな哲学上の考えはしばらくのあいだ生まれなかった。彼は、少なくともオックスフォードで哲学は「行き止まり」にあると考えるに至る。徐々に純粋哲学を離れた彼は、別の領域へと歩みを進めるのである。

† 政治思想（史）への歩み

バーリンが政治思想（史）への関心を深めたのには三つの主な理由がある。第一に、一九三〇年代におけるヨーロッパでのファシズムの伸張が挙げられる。とりわけドイツでは、一九三〇年、一九三二年の選挙で国家社会主義（ナチ）党が躍進、一九三三年一月にはヒトラーが首相となり、敵対勢力を暴力的に排除しながらファシズム国家を作り上げていった。ユダヤ人をはじめとするマイノリティへの暴力も徐々にエスカレートし、ナチス・ドイツが降伏する一九四五年五月までに、実に六〇〇万人とも言われる人々が殺戮された。こうした国際情勢のなか、政治に対して関心を持たないでいることは不可能になっていった。

第二に、同じ一九三〇年代に、マルクス主義が西欧で人々の心を掴み始めていた。ソ連の実態が未だ明らかでなかったこの時代、一九二九年に始まる大恐慌に苦しみ、かつファシズムの伸張を警戒する人々の目に、共産主義は魅力的な選択肢だと映った。バーリンの周りでもソ連の発展に驚嘆、賞賛を述べる者が多くおり、共産党に入党した者も少なからずいた。こうしたなか、もともと共産主義に懐疑的で、マルクスの思想にあまり関心がなかったバーリンも、「マルクスが何を教えたのかを、なぜ彼の追従者があらゆるところで増えているのかを知りたい」と考えるに至り、その著作に真剣に取り組み始める（『ある思想史家の回想』）。こうして出来上がったバーリンの第一著作『カール・マルクス』は、優れた入門書として一九三九年の出版以来七〇余年に渡り版を重ねている。

最後に、一九四〇年から一九四六年のあいだの、バーリン自身の実務体験がある。この時期、ナチス・ドイツと戦うイギリス軍・政府に多くの学者たちが自発的に協力し、バーリンもその例にもれなかった。一九四〇年から終戦まで、彼はニューヨークとワシントンDCから、米国の内政・外交、また世論の動向についての報告をイギリス情報省、外務省に送り続ける。更に戦後間もなく、在モスクワ英国大使館の臨時第一秘書として、彼はスターリンが統治するロシアを自らの足で歩き、自らの目で見、その分析を西側諸国の政府関係者やメディアなどに報告する。その過程で彼は初めて、テロ、強制労働、粛清などが日常化したソ連社会の実情を知り、そこで怯え苦しむ一般のロシア人たちの姿を見たのである。同時に、迫害と弾圧の中で表現者としての良心を守ろうと苦闘するロシア人作家・芸術家たちとの交流を通じ、自発的で創造的な個人への信頼を新たにする。

これらの体験を経たバーリンは、戦後オックスフォードに戻り、当時の世界を二分していた自由主義と共産主義という、二つの思想体系の哲学的・歴史学的精査に取り組みはじめる。若き日の言語哲学的議論で培われた明晰さ、論理実証主義への反発から生まれた歴史感覚、マルクス研究に基づく政治思想史の確かな知識、実務生活を通じて得た現代政治への深い理解と卓越した現実感覚、そしてヨーロッパ諸言語を操る言語能力――これらを総動員して、バーリンは哲学と思想史と政治学が入り混じる独自の領域を開拓する。そして彼がその知性の最盛期に取り組んだ問いは、「自由とは何か?」という問いだった。

3　自由論

一九五八年に発表された「二つの自由概念」の中で、バーリンは三つの大きな主張を述べている。第一に、「自由とは何か?」という問いに対して出されてきた多くの答えが、「消極的自由」と「積極的自由」という二つの対立するカテゴリーのどちらかに区分される、という主張。第二に、積極的自由の概念には濫用の危険性が孕まれており、事実この概念は二〇世紀の全体主義の興隆に貢献してきた、という主張。第三に、消極的自由の概念にはそのような濫用の危険性はなく、その限りで積極的自由よりも優れた自由についての考えだ、という主張。以下、二つの自由概念を明らかにしたうえで、バーリンの主張を詳しく見ていこう。

† 消極的自由

バーリンによれば、消極的な意味で自由であるとは、他者による介入、妨害、抑制、抑圧などが存在しないことを意味する。たとえば私が公園でベンチに座ろうとしたとする。もし誰かに腕をつかまれて引き止められたならば、私はベンチに座る自由を奪われたことになる。また同じ状況で銃を持った人に「そこに座ったら撃ち殺す」と威嚇されたならば、（威嚇が本当の脅威である限り）ここでも私はベンチに座る自由を奪われたことになる。消極的な意味で自由を持たないこととは、他者による介入がなければできたはずのことが、そのためにできなくなってしまうことである。翻って、消極的自由を享受することとは、他者による介入なしにしたいことができることである。

消極的自由は選択という概念と密接に結び付いている。外に出たくないから自室にいるのと、出口を封じられて外に出られないから自室にいるのとは違う。前者の状況では外に〈出るか・出ないか〉という二つの選択肢があるのに対し、後者では〈出ない〉という一つの選択肢しかない。また、自由を考えるためには、選択肢の数に加えてその質も考慮されなければならない。たとえば私が拉致されたとする。その際、同じ二つの選択肢でも、「即時射殺か三日間の拘束か」を選ぶよう求められるのと、「即時射殺か即時毒殺か」を選ぶよう求められるのは明らかに違うだろう。同じ数の選択肢を持っているからといって、同じ程度に自由だとは限らないのだ。消極的な意味で自由であるためには、持っている選択肢が、選ぶ者の生にとって意味あるものでなければならない。

もちろん、選択の欠如が必ずしも不自由を意味するとは限らない。たとえば私は空を飛ぶことができず、したがって空を〈飛ぶか・飛ばないか〉を選ぶことはできない。だからといって、空を飛ぶ自由がないということにはならないだろう。なぜなら、私が空を飛べないのは他者に干渉されたからではないからだ。人が消極的な意味で不自由だとされるのは、その人の欲求が「変えることのできる人間の行為」によって充たされない場合のみである（「序論」：『自由論』所収）。空腹について考えてみよう。震災の直後、あらゆる救援努力にも関わらず被災地に食料が届かず、私が空腹を抱えているとする。この場合、私は空腹を満たすことができないでいるが、空腹は「変えることのできる人間の行為」によって生じたわけではないため、空腹から（消極的に）自由になれないということにはならない。それに対し、私が失業し、全財産を使い果たし、食べ物を買えず空腹を抱えている場合はどうだろうか？　もしこの貧困と空腹が、私以外の誰かが作った改善可能な社会制度に起因するものだとすれば、私は単に空腹を満たせないだけでなく、空腹からの消極的自由を間接的に剥奪されていることになる。消極的自由の問題とは常に他者による干渉の問題であり、「不干渉の領域が大きければ大きいほど、自由は大きい」のである（「二つの自由概念」一章：『自由論』所収）。

† 積極的自由

バーリンの言う積極的自由とは、自らの主人であること、ないし自己を統治することである。怒りのあまり衝動的に親を殺した男がいるとする。我に返り「あんなことをすべきではなかった」と死ぬまで後悔し続けたとする。彼は自由に親を殺したのだろうか？　「親を殺す自由」を行使したのだろうか？　消極的自由の概念によれば、答えは是である。なぜなら、男はしたいと思ったこと（殺意）を誰からの干渉も受けず実行した（殺害）からだ。それに対し積極的自由論者は、男は自由ではなかったと主張する。なぜなら男は我を失い、自分の衝動的な欲望（殺意）をコントロールできぬまま行動（殺害）に至ったからである。積極的自由論者によれば、自らを統治できぬ者が過ちを侵す「自由」は、本当の意味での自由ではない。愚かである自由や、低次な欲望を追求する自由を真の自由だと考える消極的自由論者は、間違っているのだ。

バーリンは非介入としての（消極的）自由と自己統治としての（積極的）自由を共に妥当な概念だと認めたうえ

で、後者には深刻な問題があると指摘する。先の例に戻ってみよう。もし男が怒りのあまり親を殺そうとしたとき、その場に居合わせた私が彼を捕まえ、椅子に縛りつけ、我を取り戻させ、親殺しを阻止したとする。男は自由を失ったのだろうか、それとも自由になったのだろうか？ 消極的自由論者によれば、男は私の干渉によってしたいことができなくなったのだから、その限りで自由を奪われたことになる。それに対して積極的自由論者は、男は縛りつけられることで高次の自己を取り戻し、本当にしたいことができるようになったのだから、その限りで自由になったのだと主張する。バーリンが疑問を投げかけるのはまさにこの点である。緊縛されたときの方が、手足を動かせるときよりも自由だとは、あまりにも逆説的ではないか？ 男が縛られることで得たのは自由ではなく、何か別のもの――たとえば、平常心と理性的な判断力――だと考えるべきではないのだろうか？ 「高次」と「低次」の自己が一人の人間の内に同居すると前提し、「低次」の自己に対する抑圧は自由と両立するばかりでなく、その実現の手助けとなると主張する積極的自由論には、何か危ういところがあるのではないか？

バーリンはここで歴史に目を向ける。彼によれば、近代史における最悪の個人の抑圧は、まさに積極的な「本当の自由」の名の下に行われてきた。体制を批判する者を迫害するとき、独裁者はその理由として批判者が「うるさい」ことや、「目障りである」ことを挙げはしない。そうではなく、体制を批判する愚かな者たちの目を覚まさせ、彼らを不合理から解き放つために必要だと言って、投獄したり拷問にかけたりするのである。言い換えれば、独裁者は積極的自由の概念を濫用し、各市民を「高次」と「低次」の部分に分けたうえで、体制に従わない者たちを低次の欲求に惑わされた者として、「本当の自由」の名の下に抑圧してきたのである。

スターリニズムに代表される二〇世紀の共産主義は、まさにこのような積極的自由概念に基づく圧政の典型例であったとバーリンは主張する。なぜならそれは、歴史の法則を科学的に解明すると謳い、知識に基づいて社会を設計することを目指し、体制の批判者・非協力的者を「本当の自由」の名の下に暴力的に抑圧したからである。

ここでもう一度、「二つの自由概念」が冷戦の只中の一九五八年に出版されたことを思い出しておこう。自由の意味という問題が「単に学術的なものではない」ことは「最近の歴史」が明確に示していると、バーリンはこの論文で述べている（「二つの自由概念」二章）。ここで彼の念頭にあったのは、共産主義世界で「本当の自由」の名の下に迫害されていた同時代人たちの姿である。彼の政治哲学が「冷戦の自由主義」と呼ばれることがある所以である。

†「二つの自由概念」

「二つの自由概念」は出版直後から大きな反響を呼び、今では「現代政治哲学の〔…〕最も影響力ある一本の論文」だと評価されている（アダム・スウィフト）。何がそれほどにオリジナルだったのか？　この論文についてのよくある誤解を取り除きつつ、主要点を確認していこう。

第一に、自由についての考えを分類するのに、消極的／積極的という区別を作ったのはバーリンではない。たとえば、彼より一世代上のイギリスの哲学者ボサンケットは、「消極的な」自由を「制約からの自由」と定義したうえで、それを「積極的な」自由と対比している。またバーリン自身も、自由の諸概念を「多くの先例に従い」消極的／積極的に分類すると述べている（「二つの自由概念」一章）。したがって、自由論の伝統の文脈に置いた場合、バーリンのオリジナリティは自由概念を二つに分けたことでも、それを消極的／積極的とカテゴリー化したことでもなく、慣例通りの分類を踏襲したうえでそれに新たな分析を加え、斬新な評価を下したことである。消極的（ネガティヴ）と積極的（ポジティヴ）という言葉に示唆されるとおり、従来の自由論では消極的自由に否定的な意味が込められ、積極的自由に肯定的な評価が与えられてきた。それに対し、バーリンは消極的自由をより優れた自由概念として擁護し、従来の区別を引き継ぎつつその規範的序列を転覆したのである。この意味で「二つの自由概念」は、文字通り革命的なテクストである。

第二に、バーリンは自由についての全ての考え方が、消極的と積極的の二つに分類されると述べているわけではない。自由という言葉に「二〇〇以上の意味」が記録されていると述べたうえで、その内の「主要な」二つを精査すると書いているのだ（「二つの自由概念」一章）。また、彼は二つの自由概念のうちで消極的自由の方を最終的には支持するが、積極的自由概念が内在的に一貫していないとか、誤っていると述べているわけでもない。むしろ、それぞれの自由概念の希求するものが「歴史的にも道徳的にも、人類の最も深い利害のうちに区分される権利を持つ価値」だと認めたうえで、その違いを強調するのである。バーリンによれば、消極的自由と積極的自由は「一つの概念の二つの違った解釈ではなく、生きることの目的に対する大いに異なる調停不可能な態度」なのである（「二つの自由概念」七章）。ただし彼の批判者の中には、バーリンがこの違いを誇張したと考える者も多く、その論争については未だ決着をみていない。

最後にバーリンは、積極的自由概念と自由主義が相容れないものだとは述べていない。それどころか、積極的自由を自律の概念と結び付ける「リベラルな個人主義の伝統」があると認めている（「二つの自由概念」三章）。カントに代表されるこの伝統によれば、合理的かつ反省的に自己を統治しながら生きることが個人にとっての善であり、そういった諸個人が作る理性的な社会が善い社会である。この知的伝統は、J・S・ミル、コンスタン、トクヴィル、そしてバーリン自身が構想する、消極的自由に基づくリベラリズムの伝統への対抗軸をなしている。消極的／積極的自由の区別は、リベラル／非リベラルの区別ではないのである。

4 多元主義論

「二つの自由概念」でもう一つ、バーリンは萌芽的な形であるが、彼の後期著作で中心的なテーマとなり、後世に多大な影響を及ぼすことになる「価値多元主義」という考えを述べている。以下でバーリンの議論を明らかにしたうえで、その政治への含意を見ていこう。

† 価値多元主義

人は様々な種類の選択をしながら生きている。たとえば紅茶にミルクを入れるかどうかといった、純粋に主観的な選好に基づく選択がある。また、降水確率が高くない日に傘を持って出かけるかどうかといった、情報に基づくリスクについての選択もある。しかしこれらとは別に、善悪にまつわる〈価値に関する〉選択がある。この場合、選ぶ対象が明確に〈善か悪か〉であれば、選択は容易である。たとえば私が殺人の手伝いを依頼されたとしたら、何か特別な事情がない限り、依頼を即座に拒否するだろう。なぜなら一般的にいって、人を殺すことは悪いことだからだ。それに対し、選ぶ対象が善同士だった場合、選択は難しくなる。たとえば私の一五歳の娘が難病で余命一年だと、私が医師に告げられたとする。私は娘にそれを伝えるべきだろうか？　一方では、自分の生について正しい知識を持つことは善いことだから、その限りで私には真実を伝えるべき理由がある。しかしもう一方で、残酷な真実を知ると娘は残された日々を幸せに生きられなくなるかもしれないため、その限りで私には真実を隠すべき理由もある。この場合、私が選ぶことを余儀なくされているのは、真実と幸福という二つの善〈価値〉のあいだである。

こうした悲劇的な状況から人は完全に逃れることができない――このことは何を意味するのだろうか？　バーリンの答えは、概ね以下のとおりである。第一に、人にとって価値があることは一つではない。真実、幸福、自由、平等、秩序、勇気、創造性など、人間にとって客観的で究極的な価値を持つものは多数あるのだ。第二に、これらの諸価値は必ずしも両立するとは限らない。真実と幸福のあいだ、自由と平等のあいだ、正義と慈悲のあいだには潜在的な衝突がある。更に、価値の衝突が実際に起こった場合、問題を調和的に解決する策が存在するとは限らない。もちろん、私が娘に真実を伝えた直後に医師から「余命一年」が完全な誤診だったと言われたならば、真実と幸福が首尾よく共に実現したことになる。だが、そのような幸運な結末が常に待っている保証はどこにもない。苦しみながらも真実を知って生きるか、無知のまま幸福に死ぬかを選ばなければならないときがある。バーリンはこう述べている。

もし私が信じるように、人の目的は多数あり、それらの全てが原則として互いに両立可能ではないとすれば、衝突――そして悲劇――の可能性を〔…〕人の生から全て取り除くことは決してできない。絶対的な要請のあいだで選択をする必要性は、人間の条件の避けることのできない特徴だということになる。（「二つの自由概念」八章）

価値の多数性を強調するがゆえに、この考えは価値多元主義と呼ばれる。それは二つの対極にある考えを批判し、その中間を取るものである。一方の極は価値相対主義である。この考えによると、人の価値に客観性は存在しない。今では悪とされる奴隷制がかつては常識的に受け入れられていたように、何が善であり何が悪であるかはいくらでも変化する。相対主義者からのこういった批判に対し、多元主義者バーリンは人間の共通性を強調する。どの時代であれどの地域であれ、人間は人間である限り、身体的諸特徴と「考え、意志し、感じる能力」に加え、「一定の道徳的特性」を共有している。これらは不変ではないが、人間の本性の一部と見なされるに足る一般性と持続性を備えている。歴史学や人類学は、一方で個人と社会の驚くべき多様性を明らかにするが、もう一方でその共通性も明らかにする。何の理由もなく幼い子供を拷問することが善とされる人間社会は、過去にも現在にも存在しない。もしそういった行為に本当に何の害も見出せない者がいたら、われわれはその人を「道徳的知的障害者」と呼び、場合によっては「精神病院に閉じ込める」のである（「ヨーロッパの統一とその変転」VI：『人間性、この曲がった木』所収）。人間本性の存在を見落とし、価値の客観性を認めない相対主義者は過っているのだ。

価値多元主義が批判するもう一方の極は、価値一元主義と呼ばれる。この考えによると、価値にまつわるあらゆる問いには一つの回答があり、それらの回答は最終的に一つの不和なき総体を形成する。真実と幸福、自由と平等といった諸価値が衝突するかのように見えるのは、それらの価値に対する私たちの理解が不十分であるか、衝突を調停する方法を私たちが知らないか、あるいは諸価値が全て実現する状況に私たちが未だ至っていないからである。このように一元主義者たちは、価値の見かけ上の不調和は、価値そのものの構造に因るものではないと主張する。これに対し多元主義者バーリンは、一元主義者たちが経験的事実を無視していると批判する。「私たちが日常の体験で出くわす世界とは、同じ程度に究極的な目的のあいだ、同じ程度に絶対的な要請のあいだでの選択に直面する世界であり、いくつかの目的・要請を実現することで、別の目的・要請が不可避的に犠牲にならなければならない世界である」（「二つの自由概念」八章）。価値の究極的調和という経験的な根拠のない「真理」を信じ込まない限り、人の生を特徴付ける価値の多様性とその衝突の可能性、またそれに起因する苦しい選択の必要性と、悲劇的な喪失の不可避性に目を背け続けることはできない。この意味で、人の生とは潜在的に悲劇的なものである。

† 価値多元主義と政治

以上のような抽象的な議論の政治への含意については、論争がある。とりわけバーリンの多元主義論が彼の自由論と自由主義構想にどう関係するかについては、多くの論者が様々な見解を示し、今のところ合意に至る兆しはない。

しかし、次のことが確実に言える。もしバーリンが正しければ、理性主義の伝統に連なる政治的イデオロギーの多くは、誤った前提に基づく欠陥のある考えだということになる。というのも、それらは価値一元主義的な前提に基づいているからだ。そのようなイデオロギーの代表例として正統的マルクス主義がある。この教義によれば、今の世界で全ての人が自由で平等に生きられず、大多数の人々が抑圧に苦しんでいるのは、私たちが資本主義という矛盾した社会経済体制のもとに生きているからである。翻って、資本主義が革命的に廃棄されれば、真の自由と真の平等が、また「持つ者」にとっての自由と「持たざる者」にとっての自由が、対立することなく調和的に実現される。この一元主義的前提から自然と導かれる結論は、理想社会を実現するためには犠牲を恐れるべきではないという考えである。というのも、「人類を永遠に正しく、幸福で、創造的で調和的にするため」に支払う対価が高すぎるということはありえないからだ（「理想の追求」V:『人間性、この曲がった木』所収）。しかし二〇世紀の歴史が示したのは、高邁な理想社会のためとして多くの人命が犠牲にされた一方で、そのような社会が到来したことは一度もないという現実である。私たちは歴史に学び、一元主義への信仰を捨て、想像の彼方にある理想にではなく、今ここにいる人と社会に目を向けるべきなのだ。こうしてバーリンの価値多元主義擁護は、政治的ユートピア主義への批判となる。

5　おわりに

死後に影響力を失い忘れ去られる思想家も多いなかで、バーリンはロールズと並び「二〇世紀を代表する自由主義政治哲学者」として確たる地位を築いている。また、専門家のあいだでは賞賛されるが象牙の塔の外では読まれない哲学者が多い中で、バーリンは政治家、政策関係者、ジャーナリストなどのあいだでも高い評価を得、現実政治にも無視できない影響力を持っている。何が彼の思想にこのような生命力を与えているのだろうか？数多ある答えのなかから、二つに言及しておこう。

第一に、彼が西洋政治思想の伝統を根源的に批判しつつも、その正の遺産を救おうとした点が挙げられる。ナチズムとスターリニズムの台頭と共に育ったバーリンの世代の思想家たちにとって、ヨーロッパの知的伝統を手放しで賞賛することは不可能であった。多くの論者が述べてきたとおり、二〇世紀の全体主義の根を遡れば、啓蒙の時代を経て古代ギリシアにたどり着かざるをえないのである。しかしここから西洋政治思想の伝統の全面的な否定に急ぐのは過ちだと、バーリンは考える。むしろ必要なのは、その伝統を精査し、正負の遺産を細やかに検証することである。こうして彼は、プラトンからフランス啓蒙を経てマルクスに至る理性主義の伝統を批判的に吟味しつつ、ストア主義、ロマン主義、反理性主義といった西洋政治思想史上の様々な傍流に光を当て、自らの思想に異種の諸要素を取り込んでいく。こうしてバーリンは、理性主義に偏りがちな自由主義に修正を加え、その伝統を継承しつつ刷新していったのである。

バーリンの思想の生命力のもう一つの源は、彼のユニークな方法論にある。ここでもう一度、彼の積極的自由に対する批判を振り返ろう。本章で明らかにしたとおり、彼の批判は純粋に哲学的なものではなく、歴史学的な分析に大きく依存するものである。つまり彼は⑴積極的自由の意味とその諸特徴を、消極的自由と対比しつつ哲学的に分析し、⑵西洋政治思想史上、積極的自由概念が解釈されてきた様々な仕方を解き明かし、そのうえで⑶どのようにして積極的自由概念が「カントの厳密な個人主義から純粋に全体主義的な教義に近いものへと変質」したのかを歴史学的に分析している（「二つの自由概念」六章）。哲学と歴史学と現代政治分析が混在するこのユニークな分析手法は、バーリンが方法論的省察を通じて自覚的に磨き上げたものである。人文・社会諸学を自然科学に倣い「専門化」させることに批判的だった彼がここで挑戦しているのは、政治哲学が哲学の一分野へ、政治思想史が歴史学の一分野へ、そして政治学が社会科学の一分野へと組み込まれてきた二〇世紀半ば以降の学問の歩みそのものである。「高度な専門性の要請」といった言葉の下に近隣諸分野への無知が許容されがちな今日において、バーリンの方法論的挑戦は輝きを放ち続けている。

〔文　献〕

アイザィア・バーリン／小川晃一ほか訳『自由論〔新装版〕』（みすず書房、一九七九年）
アイザィア・バーリン／福田歓一ほか訳『理想の追求（バーリン選集（4））』（岩波書店、一九九二年）
アイザィア・バーリン／河合秀和訳『ハリネズミと狐―「戦争と平和」の歴史哲学』（岩波文庫、一九九七年）
アイザィア・バーリン／福留久大訳『人間マルクス　その思想の光と影』（サイエンス社、一九八四年）
アイザィア・バーリン、R・ジャハンベグロー／河合秀和訳『ある思想史家の回想』（みすず書房、一九九三年）
A・J・エイヤー／吉田夏彦訳『言語・真理・論理』（岩波書店、一九五五年）
マイケル・イグナティエフ／石塚雅彦・藤田雄二訳『アイザィア・バーリン』（みすず書房、二〇〇四年）
ジョン・グレイ／河合秀和訳『バーリンの政治哲学入門』（岩波書店、二〇〇九年）
上森亮『アイザィア・バーリン―多元主義の政治哲学』（春秋社、二〇一〇年）
アダム・スウィフト『政治哲学への招待―自由や平等のいったい何が問題なのか』（みすず書房、二〇一一年）
濱真一郎『バーリンの自由論―多元論的リベラリズムの系譜』（勁草書房、二〇〇八年）

第11章　ロールズ

■社会協働と正義の原理

【キーワード】　正義の状況、社会契約論、原初状態、無知のベール、基本財、正義の二原理、重なり合う合意、公共的理性、財産所有制民主主義、諸民衆の法

ジョン・ロールズ（John Rawls 一九二一-二〇〇二年）は一九七一年に主著、『正義論』を出版した。これ以来、今日に至るまで四〇年以上にわたり、英米圏では、ロールズの理論の研究やその批判を土台とする政治哲学の研究が続いている。ロールズ自身も二〇〇二年に死去するまで正義についての探究を続け、それらは多元的な社会での正義のあり方を問う『政治的リベラリズム』（一九九三年）、リベラルな社会の外交のあり方を論じた『万民の法』（一九九九年）、正義に適った政治経済体制の問題に踏み込んだ『公正としての正義 再説』（二〇〇一年）などにまとめられた。この章では、これらの著作の内容を、正義の原理に関する議論を中心に概説する。

1　ロールズ政治哲学の誕生と功利主義批判

『正義論』はその後の政治哲学に多大な影響を及ぼしたが、それは『正義論』が次のような点で新しい政治哲学の地平を切り拓いたからである。

まず、ロールズがそのキャリアを始めた倫理学分野では、『正義論』出版当時、社会的な問題や美や善といっ

た概念の直接的研究というよりは、その研究のあり方（方法）を論じるメタ倫理学と呼ばれる分野の方が優勢であった。ロールズはこれに対し、善や正義の問題、更には社会をいかに構築していくべきかという、かなり具体的な問題にまで踏み込んで理論を作り上げてみせた。

しかし、このような理論には既に功利主義という古典的で有力なモデルがあった。ロールズは、この功利主義を批判するという形で新しい自らの観点を提示した。一八～一九世紀にベンサムやミルによって確立された功利主義は、個人また社会のあり方に対して、高度に洗練された規範的理論を持っていた。一般に功利主義の学説によれば、社会において目指されるべきは最大多数の最大幸福である。つまり、社会に生きる各人の満足の総和を最大にすることを目指すのである。ロールズにとって、このような功利主義は、場合によっては社会全体の幸福の総量を増やすために個人の犠牲をいとわないものであり、これは問題である。つまり、各人には尊重されるべき具体的・個別的な人格があるのだ。ロールズは人格の区別を認められない点で功利主義は問題だと考える。そこで、彼は人々の自由を平等に尊重することを中心とする、あるべき社会の構想――正義――の理論を代替案として提案する。

リベラルとネオリベラル
の違いがわかるかな？
ジョン・ロールズ

『正義論』はこのように、具体的な社会の問題を扱いつつ、しかも功利主義を乗り越えようとする点で、画期的なものとなった。また同時に、ロールズが正義論を発表するまでに、アメリカ社会が、公民権運動による人種差別問題への目覚めやベトナム戦争による国論の二分などによって、道徳的に深刻な亀裂を抱えていたことにも注意したい。人々の「合意」を重んじるロールズの正義論は、リベラルな社会の道徳的分裂という事態を時代背景として生まれてきたのだ。

2　『正義論』――平等な自由の尊重のために

『正義論』でロールズが取り組む問題は、自由で平等な市民たちが、各人が自由を用いるために必要な財を協働して作り出すとき、その利益と負担をどのように分かち合えばよいのか、というものだ。この問いの前提として、全ての市民の自由は平等に重要なものであり、だれかの自由のために他の市民の自由が犠牲にされてはならないということが重要だ。これはロールズの功利主義批判で展開されたとおりである。

さて、市民たちが自由を具体的に行使するためには、様々な資源を社会から手に入れることが必要となる。モノやサービス、それらを手に入れるために必要な金銭や法律上の権利などが、この社会的資源に含まれる。ここで問題となるのは、市民たちはこれらの社会的資源を協働して作り出すが、それらには限りがあるため、その獲得を巡って利害関係が対立することだ。市民たちが本来平等に尊重されるべき自由をもっているなら、誰かが有利・不利になりかねないこの状況は大いに問題になる。

このように市民たちが互いに協力して社会資源を作る一方で、それらの希少性から利害の不一致が起きてしまうような状況をロールズは正義の状況と呼んだ。

ここで正義の原理は、全市民の平等に尊重されるべき自由を前提としながら、社会にあって皆が協働して資源を生産するときに、そこから生まれる利益と負担を、どのように分配することが理に適うのか、指示するのである。つまり、ロールズの目指す正義の原理とは、正義の状況に応じて作られる分配的正義の原理、ということにななる。

このようなロールズの正義の原理は、個々人がいかに生きるべきかという、個人の道徳を決めるものではなく、理に適った分配を実現するような社会制度を築くために作られるのだ。こうすることで、各人は、そのような制度の枠内で自由に生きることができる。ロールズにとっては、各人が自分の人生観に従って生きることに社会はできるだけ干渉せず、むしろそれを最大限に保障することが望ましいのだ。

ロールズの正義論でひときわ目を引く点は、それが社会契約論の手続きを用いて、正義の原理を導いている点だ。ロールズは言う。

私の目的は、たとえばロック、ルソー、カントなどに見いだされるお馴染みの社会契約論を一般化し、より高いレベルの抽象化へともたらす正義についての観念を提示することである。(『正義論』第三節)

社会契約論の特徴は、全ての人々の合意の結果として、彼らの利害関係のあり方を定める統治の原理が導かれる点にある。一般的に政治とは、社会生活から得られる利益を利己的に最大化しようとする人々の闘争の場、と思われるかもしれない。ここでは、始終争いが絶えず、人々の自由は脅かされるだろう。しかし、実際の社会生活の中では、人々は自分の利益を求めると同時に、互いの対等な立場を認め、利害対立を合意によって調整し、それをルールにすることも行っている。つまり、ロックやルソー、カントの社会契約論の言葉を借りれば、人々は互いに、平等な自由とそれを用いることへの自然の権利が与えられていることを承認したうえで、なおも生じる互いの利害の衝突を調整するような統治のための原理を、彼らの間での合意の結果として追求するということを行っているのだ。

ロールズもまた、人々には平等な自由が与えられていて、彼らの利益は平等に尊重されなくてはならないとし、そしてそのうえで生じる社会生活上の利害関係は、合意によって導かれた利害関係を調整する原理、つまり正義の原理によって調整されるべきだと考える。そこで、ロールズが取り組むべき課題は、人々の私的利益の追求と平等な自由の承認の二つを調和させて、人々の合意を取り付け、その結果として正義の原理を得る、というものになる。そして、この問題に取り組むためにロールズが持ち出すのが、合意形成の場としての原初状態である。

ロールズの正義論で、理に適った正義の原理を決められる理想的な状況を、原初状態という。ここで人々は、できる限り自分の利益を最大化するように考慮しながら、正義の原理への合意を目指すが、それはあらかじめ、彼らの合意が人々の平等な自由を尊重するものとなるよう作られた装置である。人々にとって、自分自身の利益は自分の人生にとって価値あるものの表れだから、それは切り捨てられるべきではない。しかし、全ての人が自由で平等な人格として尊重されるべきなら、「私の利益」だけに基づいて正義の原理を決めてしまうことは、他人の平等な自由を無視することになるので、正しいあり方ではない。だから、人々の人生にとって価値あるものの追求と他人の平等な自由への配慮の両方を考慮して正義の原理を導きたいのであれば、全ての人の人生に配慮しつつ、自分の利益の最大化を目指すことができなくてはならない。原初状態はこのような必要にこたえるために編み出された仮想の合意形成の舞台である。

原初状態では、人々は無知のベールと呼ばれるベールをかけられ、自分の価値観や身体的特徴、社会的立場などについて、一切知ることがなくなる。このベールをかけられると、誰も（自分を含めた）特定の人々に有利・不利となるような分配の原理に賛成することができなくなる。現実に生きる人々は、生まれつき与えられた社会的な立場と心身の能力について、不平等である。そして、それらに基づいていろいろな価値観を身に着け、自分の利益を追求して生きる。もし、人々が自分の社会的地位や能力を知っていれば、人々はどのような社会制度が自分にとって有利または不利となるかについて、あらかじめ知ることができるだろう。しかし、もし無知のベールによって自分自身についての情報を知らないという状態になってしまえば、自分にとって有利な正義の原理を決めることはできなくなる。全ての人は、社会的な有利・不利に関して、互いに入れ替え可能な同じ立場に立たされてしまうからだ。

こうなってしまえば、自分だけの利益を最大化するということはもはや不可能である。無知のベールの下では、自分を配慮することが、常に、同じ立場に立たされた人々のことをも配慮することになる。つまり、全ての人の自由を平等に尊重せざるをえない状況におかれることになる。このような公正な状況の想定が原理の公正さを保障するので、ロールズの正義論は、「公正としての正義」と呼ばれる。

他方で、ロールズは人間の利己的関心を否定しない。ひとたび無知のベールをかけられた後は、各人は自分の利己的関心を最大限満たすような正義の原理を選べばよい。

ここで原初状態におかれた人々が正義の原理の決定を通じて自分の利益を追求する際に、自分の利益を測る基準となるものが基本財と呼ばれるものである。無知のベールをかけられて、自分についての情報を持たなくなった人々が追求する基本財とは、（無知のベールが取り払われた現実世界で）自分がどのような人であっても、自尊心を保ちながら自由を行使して人生を生きるために必要な財である。具体的には、権利と自由、社会的影響力と機会、収入と富、そして自尊を保つための社会的基礎などが基本財に含まれる。ロールズは、これらは合理的な人々が他の何を望んだとしても必要とし、またより少ないよりはより多く持つことを願うような財であるとする。

原初状態において無知のベールをかけられ、自分にのみ有利な選択をすることができない人々が、どんな人にとっても必要な基本財の社会での分け前をめぐって定める原理が、ロールズにとっての正義の原理である。この決定について重要なポイントは、①自由は人々にとって何よりも大切な基本財である、②人々の生まれや知的・身体的能力といったものは分配を決める要素にするべきではない、③人々が基本財の生産により多く貢献するのは、そうする方がより多くの基本財を得られるときである、④人々はできるだけ人生のリスクを減らそうとする、の四点である。説明しよう。まず、正義の原理は人々の平等な自由の尊重を目指すものであり、自由は最も重要な財であるから、他のいかなる財ともトレード・オフされない。また、生まれつきの不平等そのものは、平等な自由の尊重という道徳的観点からは無意味な、単なる偶然の結果にすぎないので、これは分配を決めるべき理由となる要素ではない。他方で、人々が不平等に基本財を得ることは平等な自由の尊重という観点からも有意味な、皆の利益になる場合がある。つまり、より多くの基本財を得ることを目指して、より生産活動に励む人がいれば、社会全体の生産性向上につながり、皆が自由をより実りあるかたちで使うことが可能になる。そこで、このような不平等は皆の利益に適う。しかし、社会の不平等は、その底辺の人には様々な生活上のリスクをもたらすので、不平等は常に、（自分もそうなるかもしれない）最も恵まれない立場の人の利益を最大化する限りにおいて、許されることとする。

このように考え、ロールズは、原初状態では次の正義の二原理への合意が導かれるという。

第一原理：各人は、平等な基本的自由の最大限の広がりを持った全体的システムへの平等な権利を、それが全員にとっての同様な自由のシステムと両立する限りにおいて、持つべきである。

第二原理：社会的、経済的不平等は、それらが(a)正義のための貯蓄原理と矛盾せずに社会の最不遇者の最大の利益となるように、また(b)公正な機会の均等の下で、全員に開かれた職務と地位に付属するものとなるように、調整されなくてはならない。（『正義論』第四六節）

まず、第一原理は、良心、身体、言論、政治などについての基本的な自由が全ての市民に平等に保障されることを定める。そのうえで、人々が自由を用いるために必要な基本財を社会から得ることについて、第二原理が次の取り決めを行う。まず、社会的に有利な地位や立場は、人々の生まれや知的・身体的能力の不平等を、教育などによって是正したうえでの、機会の均等を通じて得られるべきものとする（公正な機会の均等）。更にこれが達成されたうえで、人々が社会生活から得る基本財の不平等は、それが最も恵まれない立場に立たされることになった人の最大の利益になるときにのみ、許されるものとする。この原理を格差原理と呼ぶ。ただし、後の世代のために文化・文明の社会的基盤や資本の蓄積を残すことが必要なので（貯蓄原理）、これが不可能になるような格差原理の実行は求められない。

社会的な協働の利益と負担の分配は、以上のような原理を通じて行われなくてはならない。このような原理に従って構築された社会は、人々が自分の自由を行使し利益を追求しながらも、なお他の市民の平等な自由を尊重する社会となる。これがロールズの正義論の核心だ。

3 『政治的リベラリズム』——多元的な社会の中での正義

リベラルな社会では、様々な自由が保障される結果、人々の宗教的・哲学的な意見が多様である。それにもかかわらず、ロールズの正義の原理のような、リベラルな社会で広く受け入れられているベーシックなものの考え方（たとえば自由と平等）に基づく正義の原理が広範に支持されるのはなぜか。これを考察することが『政治的リベラリズム』の目的である。加えて、宗教・哲学などの意見の多様性がある社会で、最終的にある一つの政策がとられ政治権力が行使されるときに、それはどのように正当化されるべきなのかも考察される。

ロールズは、リベラルな社会で人々の意見が一致しないことは、自由が人々に保障された結果であり、望ましいことだと考える。しかし、リベラルな社会で必ず起きる意見の不一致は、その社会が安定して存続することを妨げない。リベラルな社会の秩序を支えるリベラルな正義の原理は、その社会の様々な宗教的・哲学的見解によって等しく支持され、合意されるからだ。このような合意を重なり合う合意と呼ぶ。

ロールズは、人生の価値や世界観を教える宗教的・哲学的・倫理的教説など（包括的教説と呼ぶ）からではなく、リベラルな社会の民主的な文化に根差した、社会や人間についてのベーシックな考え方から引き出された正義についての見解を、正義についての政治的構想と呼ぶ。そして、リベラルな正義の原理とは、そのような構想を具体化したものに他ならない。ロールズによれば、重なり合う合意において、リベラルな社会に見られる包括的教説は、この政治的構想を他の教説との妥協の結果いやいや受け入れるのではなく、それに対して教説内部の固有の理由から、支持を与える。

リベラルな社会の民主的な文化によって育まれる正義の構想は、この文化の根底にある、次のような社会と人間に関するベーシックな見解から生まれるものである。第一に、リベラルな社会は、皆が受け入れる適切なルールによって秩序付けられ、各人が負担を負うことと引き換えに得る互恵的な利益を定める規約があり、そこに参加することが各人の観点から見ても利益となるような、「協働の公正なシステム」である。第二に、このような社会に加わる人々は、自分自身にとって何が善いことかということを決めることができ、また人々と結んだ協働の規約を尊重することを可能にし、様々な判断や思考において理性を用いることを可能にする人間の内在的能力を持っている点で、互いに自由であると見なす。また、その能力が社会的協働に十分なだけあるならば、互いに平等であると見なす。第三に、公正な協働を実現する社会は、公的に合意され受け入れられた正義の原理があり、社会の基本構造がそれを満たし、人々がその社会の正義に適った制度に従う、よき秩序のある社会である。リベラルな社会では、その民主的文化の中で以上のようなベーシックな社会と人間に関する見解が共有されており、これらの見解から導き出されるのが、リベラルな社会の正義に関する政治的構想である。ロールズの正義の原理が表す構想も、これらのベーシックな考え方を前提として、原初状態の論議を通じて生み出されたものだ。

このような見解を根底に持つリベラルな社会では、人々は互いに理性的に、道理をわきまえた者としてふるまう。つまり、市民たちは互いに自由で平等な者として、全ての市民に受け入れ可能な規約の下で互いに協力し合おうとし、また彼らの抱く包括的教説が常に多様であることを認める。加えて、このような分別ある市民たちの抱く包括的教説は、それ自体、道理あるものだ。ロールズは、リベラルな社会の宗教的教説や哲学的意見が、人生や世界などの様々なことがらについて一貫した理論的な説明を提供しようとし、また多様な人生の価値についてそのあるべき秩序を示すこと、更にこれらの説明や指示が、その教説や意見の内部にある基準によって変わりゆくものであることを指摘している。このような包括的教説は狂信や原理主義とは異なり、人間の知性と矛盾しないし、変化に対して開かれている。そしてこれらは道理ある人々によって育まれるとき、リベラルな社会の社会や人間に関する見解を内に取り込むように発展していく。

そこで、リベラルな社会の民主的な文化の下では、この文化に埋め込まれた社会・人間に関する見解から導かれた正義の観念について、道理ある人々は、彼らの包括的教説に基づいた支持を与えることができる。もちろん、各個人の抱く宗教的教説や哲学的意見は異なっているため、支持を与える最終的な理由は異なっている。しかし、いかなる理由によってであれ、最終的に正義の政治的構想は、重なり合う合意を調達することが可能である。

だが、リベラルな社会の中で何らかの正義の原理についての重なり合う合意が得られたとしても、その原理を実際に解釈し実行する段階になれば、再び様々な意見の異なりに遭遇する。そして、最終的な解釈と実行は、政府を通じて人々へと強制されるものだ。そこで、正義の原理の解釈と実行は、実践において、再び全ての市民に向けられた正当化を要するのだ。

この正当化の際、必要とされるものが公共的理性である。リベラルな社会では、人々が異なった包括的教説を支持している。しかし、正義の原理の解釈と実行を通じて人々が互いの上に権力を行使し合い、具体的に自分たちと社会のあり方を決める場面にあっては、包括的教説に基づく思考や理由だけではなく、全ての市民が受け入れ可能な、リベラルな社会の民主的な文化に基づいた思考の方法や理由が用いられなくてはならない。たとえば、伝聞ではなく証拠に基づく判断や、女性の自由と平等などである。このような方法や理由が公共的理性の内容となる。

このような公共的理性に基づく思考や理由の提示が要求されるのは、裁判官や行政官たちが自分たちの仕事をするときであり、また市民が憲法にかかわることがらや社会全体の基本構造のあり方について政治活動を行い、投票をするときだけである。リベラルな社会においては、人々は様々な信念、信仰を持ってよいし、そこから多様な政治的意見を持つのは当然でもある。そうであればまた、公共的な論議において、宗教や哲学に基づく多様な意見が出てくることは避けられないし、それらが隠れてしまうことは市民の相互理解の観点からも望ましくない。公共的理性は、このような多様な意見のあり方にとって代わろうとするのではなく、政治的に重大な局面で、そこに付加されなければならないものなのだ。

4 『万民の法』——リベラルな社会の外交のあり方

包括的教説間の不一致を前提としたリベラルな社会での正義のあり方に続いて、ロールズが『万民の法』で取り組んだ課題は、共産主義国家や宗教国家をはじめ様々な政治体制が存在する国際社会において、リベラルな社会はそれらを相手に、どのような外交政策をとるべきか、というものだ。

リベラルな社会がいかに他のリベラルな社会、またリベラルでない社会と関係すべきか、という点での外交の指針となるのが、ロールズの展開する国際的な正義の原理であり、それは諸民衆の法と呼ばれる。ここで、諸民衆の法を定立しようとする各社会の当事者（民衆）たちは自分の野心を追求するような官僚機構や巨大な政治・経済組織ではなく、正義に適った政府の下で、一体感を持ち、正義を尊重しようとする性質を持った主体であるという点で、「国家」とは異なる。むしろ、それはいわゆる「国家」が持つとされる交戦権や自国内の国民を統治する権利を制約することのできる諸民衆の法を作り上げるという点で、「国家」を超えた存在である。

ロールズはこの法を考えるために、再び原初状態の議論を提示する。ロールズはまず、リベラルな民衆相互の関係性から考察する。この原初状態に参加する際、リベラルな民衆たちは、自分たちの社会の正義の原理とそれによって編成された社会の諸制度、またその中で特徴的に発展した自由な文化を維持したいと考えている。更に、彼らは相互の関係において独立・平等なものとして扱われたいと考えており、自尊の感覚を持っている。ここで彼らは、自分たちがいずれかの立憲的な民主主義体制の社会から来たことは知っているが、その社会の規模や富・資源の量、人口、経済発展の度合いなどを知らない。この条件下で彼らは上に述べた動機から、自由で平等な者として互いを遇し、また互いの自尊の念を尊重しあうように、互いの関係を決める原理としての諸民衆の法を定める。それは次のようなものである。

1. 諸民衆は自由かつ独立しており、彼らの自由と独立は他の民衆によって尊重されなくてはならない。
2. 諸民衆は条約と協定を遵守しなくてはならない。
3. 諸民衆は平等であり、彼らを拘束する合意を結ぶ当事者である。
4. 諸民衆は不干渉の義務を遵守しなくてはならない。
5. 諸民衆は自衛権を持つが、自衛以外の理由による戦争を始める権利を持たない。
6. 諸民衆は人権を尊重しなくてはならない。

7. 諸民衆は戦争を行うに際しての一定の制限を遵守しなくてはならない。
8. 諸民衆は、正義に適った、または真っ当な政治・社会体制を持つことを妨げているような不利な条件のもとに生きている他の民衆を援助する義務を負う。

(『万民の法』第I部4・1)

ロールズはこれらが不完全なリストであり、様々な追加や解釈を必要とすることを認めているが、それでもこの八つがこれ以降の全ての論議の下地としての重要性を持つ。更に、原初状態の当事者たちは、民衆間での協働の機関を設立するための方針や、公正な貿易の基準、相互援助の条件にも合意するとされる。

ロールズは、このような八つの原理からなる諸民衆の法に、リベラルではないが真っ当な社会の民衆も、彼らだけからなる原初状態においてであっても合意するであろうという。これらの社会は、市民を自由で平等とは考えないが、侵略的野心を抱かず、社会全体の善についての考えに従って人権(生存権・自由権・財産権・同一事例は同一に扱うという形式的平等)を尊重し、人々の意見を代表させる機関を持っている。彼らも互いに平等な者として遇しあい、同時に自尊の念を持って自分たちの社会の構造と文化を維持したいと思うなら、同じ内容を持つ諸民衆の法に合意する。結局、リベラルな民衆もそうでない真っ当な民衆も、同じ原理を支持するのだ。

このような諸民衆の法に従うことで、リベラルな社会の民衆は、他のリベラルな社会の民衆や真っ当な社会の民衆と、お互い対等な外交関係を結ぶことができる。

ロールズが提示する、真っ当ではあるがリベラルではない社会であっても尊重する人権のリストは最小限度のものであり、特に西洋社会でなくても広く重視されうる。つまり、文化を越えて普遍的なものである。この人権は、各社会が国際政治において尊重されるための最低限の条件であり、これを保障しない社会に対しての寛容は要求されない。最低限の人権すら尊重されないような社会の民衆は、法外な民衆とよばれ、リベラルな民衆や真っ当な民衆からの経済的・軍事的制裁や介入が正当化される。

5 『公正としての正義 再説』――正しい政治経済体制とは何か

『正義論』において、あるべき社会の原理を論じたロールズは、福祉国家の擁護者とみられることが多かった。これは不平等が許されるのは社会的最不遇者の状態が改善される限りにおいてであるとする格差原理が、富者から貧者への所得分配を行う資本主義下での福祉国家の働きを正当化するように考えられたためである。また、『正義論』でロールズが意図的に政治経済体制の問題に立ち入らなかったこともこのような理解を助けた。

しかし、ロールズ晩年の著作である『公正としての正義 再説』では、注目すべき政治経済体制論が展開される。ロールズはここで、彼の正義の原理を実現するのは財産所有制民主主義と呼ばれる政治経済体制であるという。この体制の目的としてロールズは次を挙げる。

> その意図は、単に事故や不運によって敗れた人々を助けることではなく（それはなされなくてはならないが）、むしろ適度の社会的・経済的平等の足場の上に、自分自身にかかわることを自分で何とかすることができる立場に全ての市民を立たせる、ということである。（『公正としての正義 再説』42・3）

つまり、正義の実現のために必要なことは、社会で貧困の問題が発生してから対策を立てることではなく、誰もが貧困に陥らず、また他人に依存して生きることが必要な状態をそもそも生じさせないような、事前の措置を取っておくことなのだ。そしてそれはまた、本来自由で平等な人々が政治的・経済的な支配・被支配の関係に入ってしまうことも防ぐ。

このような目的を持つ財産所有制民主主義の下では、ロールズの正義の二原理は次のような制度に具体化される。まず、第一原理による基本的自由の平等な保障を前提として、公正な機会の均等は、人々が教育や訓練を通じて人的資源を身に着けることと、生産手段が幅広く市民たちに行き渡ることに具体化される。このことにより、社会的機会が少数の成功者の手に握られることを防ぎ、また貧困や政治的・経済的従属に苦しむ下層階級の出現をあらかじめ防ぐ。更に、格差原理に基づく社会的ミニマムが保障され、人々の社会への参画を手助けする。

ロールズの財産所有制民主主義は、その正義の原理の実現を通じて、全ての市民がともに自由・平等な者として、積極的に社会を構成していくための舞台を提供する。このような社会が、不遇な者には社会福祉の受益者という従属的な立場しか用意しない福祉国家の社会と異なることは容易に見て取れる。ロールズが意図した正義とは、単なる財の分配を問題とするものではなく、社会における人々の関係のあり方そのものを問い直すものだったのだ。

6　おわりに

本章ではロールズの正義論、なかでも彼の正義の原理をめぐる主要な論点について概説した。彼の正義論に対しては、惜しみない賛辞がおくられてきた一方で、政治哲学の世界において様々な批判があることも事実である。サンデルの共同体主義やノージックの自由至上主義などはもちろん、ロールズの理論に男性中心主義を見る批判や、権力関係への批判的視座を欠くといった指摘もなされてきた。これらの批判は極めて多岐にわたり、おびただしい数の論文や著作が世に出ている。しかし、ロールズに賛成するにせよ、反対するにせよ、ロールズを知らずに政治哲学を語ることは不可能であるほど、ロールズの正義論は政治哲学の世界に大きな一石を投じたのだ。

まさにロールズは、政治哲学を一つの大きな分野として育て上げた立役者である。その意味で、ロールズは二〇世紀の政治哲学界を代表する思想家の一人と言っていいだろう。

〔文　献〕

ジョン・ロールズ／川本隆史ほか訳『正義論』（紀伊國屋書店、二〇一〇年）

ジョン・ロールズ／田中成明編訳『公正としての正義』（木鐸社、一九七九年）

ジョン・ロールズ／田中成明ほか訳『公正としての正義　再説』（岩波書店、二〇〇四年）

ジョン・ロールズ／中山竜一訳『万民の法』（岩波書店、二〇〇六年）

川本隆史『ロールズ―正義の原理』（講談社、一九九七年）

渡辺幹雄『ロールズ正義論の行方―その全体系の批判的考察〔増補新装版〕』（春秋社、二〇〇〇年）

仲正昌樹『集中講義！　アメリカ現代思想―リベラリズムの冒険』（ＮＨＫブックス、二〇〇八年）

第12章 ハーバマス

■公共性と正統性の政治理論

【キーワード】　市民的公共性、公論、政治的公共性、文芸的公共性、コミュニケーション的行為、コミュニケーション的権力、熟議政治、憲法愛国主義

ユルゲン・ハーバマス（Jürgen Habermas　一九二九年―）は、現代ドイツの社会哲学者である。フランクフルト学派第二世代の代表格とされ、第一世代に当たるアドルノやホルクハイマーの批判理論を批判的に継承している。一方では、アドルノとホルクハイマーが行った「道具的理性」批判を継承し、近代的理性のあり方を問うことで、現代社会の病理を究明する。つまり、近代的理性が、人間を操作の対象として認識する科学的‐技術的な社会管理の合理性に連続する点を批判する。なぜならそれが人間存在を疎外するからである。しかし他方でハーバマスは、近代的理性には、人間相互で了解を目指すコミュニケーションに合理性を基礎付ける潜勢力があると考える。近代的理性は、目的を達成するために最も有効な手段を選びとる目的合理性に還元されてはならないと考える。ハーバマスは、コミュニケーションに内在する合理性を基礎にした社会‐政治理論を体系的に展開することに関心を傾けている。

1　市民的公共性の凋落と現代社会の病理

ハーバマスは『公共性の構造転換』（一九六二年）で「市民的公共性」という理念を提示する。「公共性」概念を市民社会のなかに位置付け直し、市民の主体的な政治関与を意義付ける。しかしそれと同時に現代社会では「公共性」が構造的に凋落していることを解明する。

ハーバマスは、市民的公共性の理念を、歴史的考察を通じて抽出する。ハーバマスによれば、一七世紀後半から一八世紀にかけて、英・仏・独の国々では、都市教養市民層が登場した。彼らは批判的に議論して「公論 öffentliche Meinung」を形成する「公衆」としての役割を担った。つまり市民たちは「公論」を通じて議会や絶対主義的国家君主の権力に影響力を行使したとされる。「公論」は、国家権力に批判的に対峙し、諸権力を制御する「批判的公共性」として機能した。この政治的性格が「政治的公共性 politishe Öffentlichkeit」として概念化される。

Habermasは
実は「ハーバマス」と
発音するんだ
ユルゲン・ハーバマス

こうした公論形成を可能にしたのは、歴史的事実として新聞・雑誌といったメディアが普及したからである。ここから言論・出版の自由、集会の自由といった権利への要求や公開性の理念が重要性を増した。それゆえハーバマスが提示する市民的公共性の理念は、自由主義の考え方を背景にしている。つまり、国家〔政府〕と社会〔市場経済／市民社会〕との分離を前提にする。国家と社会との間に成立する「公共空間」でこそ市民的公共性は形成されるのである。ハーバマスはこのような、市民社会における自由で平等な市民の間の公開の討論が具備する性格を市民的公共性という理念で把握するのである。

この歴史的展開で着目されるのは、政治的公共性が「文芸的公共性 literarische Öffentlichkeit」の機能変化したものだということだ。文芸的公共性は、文化的作品が商品化して、小説、演劇、絵画、音楽などを、市民が鑑賞できるようになったことで成立した。財産と教養をもった市民層が喫茶店に集い、お互いに批評を展開し議論することで文芸的公共性が成立した。そしてこの文芸的公共性を担う言論空間が、その議題を政治的なものに変えて、政治的公共性を担うようになったのである。

しかしハーバマスによれば現代社会では市民的公共性の理念は危機にある。一九世紀末頃から大量生産大量消費に基づく大衆社会が成立してくる。ハーバマスの診断によれば、この西欧社会の構造変容が、市民的公共性の理念を危機に陥れる。そこでハーバマスが指摘するのは国家の役割変化と、マスメディアの発達である。まず、一七世紀から一八世紀にかけてその理念が有効であった自由主義的法治国家は、社会保障を国民に提供する社会国家に変質した。社会国家は、社会に積極的に介入する。つまり個人の生存、完全雇用、労働力の維持を責務とし、必要な範囲で自由や私的所有権を制限する役割を担う。それゆえ国家市民（Staatsbürger）の私生活は福祉政策によって公共的に保障される対象となる。私人が市民として自律するためには、政治的公共性を主体的に形成して、国家の社会政策に影響力を行使できなければならないが、しかし政治的公共性を支える文芸的公共性は、マスメディアを通じて消費文化的公共性に変貌している。つまり現代社会のマスメディアは、宣伝や広報の手段として大衆操作に積極的に利用され、議論する公衆は文化を消費する私人になっている。

公衆は、公共性なしに議論する専門家からなる少数派と、公共的に受容する一方の消費者としての大衆に分裂した。こうしてそもそも公衆として特有なコミュニケーション形態を喪失するのである。（『公共性の構造転換』第五章）

こうして「文化消費という疑似公共的もしくは疑似私的な生活圏が出現」する。「市民」は「消費者」や「私人」

と区別がつかなくなる。市民的公共性も消費文化が織り成す疑似公共性に変貌する。議論を入念に仕立て上げ、商品として番組を制作し、宣伝効果を狙うマスメディアによって、公共性はスペクタクル化し、大衆によって消費される対象となった。市民的公共性を形成するはずの公開の議論や言説は、マスメディアを利用した操作対象になっている。ハーバマスは、こうして市民的公共性の土台が掘り崩され、市民が自律的に政治的公共性を形成していく可能性が失われると診断するのである。

2　社会国家の構造的矛盾と正統性の危機

ハーバマスは『後期資本主義における正統化の諸問題』（一九七三年）で、国民が福祉国家的な官僚行政のクライアントと化している事態を批判的に捉える。なぜなら、国民がもっぱら福祉サーヴィスの受益者になれば、その社会国家体制は危機に陥る可能性があるからである。

まずハーバマスは、社会は「生活世界」と「システム」という二つの相から成るという視座を提示する。つまり社会は生活世界でもありシステムでもある。そしてこれに合わせて社会統合（Integration der Gesellshaft）の様式も「社会的統合 Sozialintegration」と「システム統合 Systemintegration」という二つの様式で区別する。

生活世界（Lebenswelt）とは、そこに住まう人々が間主観的に共有する文化、社会、人格構造を構成要素とした、シンボル〔日常言語や象徴など〕を媒介に相互行為するコミュニケーション的世界である。それゆえ生活世界を基盤にした社会的統合は、発言し行為する主体の相互行為を支える規範構造に依拠して成立する。これに対しシステムは、権力行使を通じて国民を管理する官僚行政機構や、貨幣を媒体にして経済活動を成立させる市場経済などの、没人格的な社会的機能を表す。それゆえシステム統合は、システムがその環境の要求する機能的要件を充足し、諸システムが自律的に相互調整されることで成立する。

ハーバマスが問題にするのは、システム理論が、実践的-道徳的問題を、システム合理性の観点から構成することである。なぜならこれが社会を技術的に管理するテクノクラシーと結び付くからである。システム理論は、社会管理の合理性を主題化して、「支配の正当化」を機能的に説明しようとする。しかしこの支配システムそれ自体は、なぜ正当なのか。ハーバマスは、システムを成立させる目的それ自体を問い返す批判的視点を社会理論は保持しなければならないと考える。

しかし、にもかかわらず、後期資本主義社会では、政治は、もっぱら社会的紛争や社会システムの機能障害を除去して、システム危機を回避する活動と考えられている。

ハーバマスによれば後期資本主義とは、資本主義が一九世紀の自由主義的段階から二〇世紀の独占段階へ移行したことを表している。自由主義的資本主義では、社会を組織する原理は、市民的な民法体系に基づく賃労働と資本の関係性で表される。「等価交換のイデオロギー」と、市場メカニズムが均衡を実現するという原理が支持された。それゆえ政治的支配の正統性は、国家がこうした原理を制度的に保障することに結び付けられた。しかし一九世紀後半からはじまる後期資本主義では、市場構造が寡占化する〔企業の集中過程と財貨・資本・労働市場の組織化〕と同時に、市場機能の欠陥が増大する。つまり後期資本主義の市場経済システムは、もはや自然法則的な一般均衡を達成する機能を果たせない。それゆえこの機能障害を回避するために国家が市場経済を行政的に制御しなければならなくなる。しかしこうして国家は過大な財政的負担を強いられる。社会基盤の整備〔交通網、科学技術の発展、職業教育など〕だけでなく、社会的消費〔住宅建設、通信、医療、余暇、教養、社会保険など〕を支えねばならない。さらに失業手当といった社会給付、そして環境保全の費用まで公的に賄わなければならない。しかしこうした計画的介入は資本蓄積過程を妨害しかねない。つまり国家は私的企業の経済的自由を保障する責務と矛盾した要求を課されている。ハーバマスはここに「合理性の危機」の兆候をみる。もし経済危機を回避できなければこの矛盾が財政的危機を生み、実効的介入が困難になる。とはいえこれが危機的なのは、行政の計画合理性に欠陥があるからではない。むしろそれが「正統性の危機」に繋がるからである。国家機構〔政治システム〕を、民主的で正統的な権力を行使する行政システムと見なせば、その行政権力の行使が正統的であるかは、普通選挙を通じて一般大衆の忠誠心をいかに獲得するかに左右される。しかし得票最大化を目指す諸政党は、相互に政策論争でしのぎを削るなかで、国民に実行不可能なほどの受益を期待させる傾向にある。こうして国民は常に不満を抱き、正統性の欠如が生み出される。しかしこの正統性の欠如が危機的になるのは、「動機付けの危機」に繋がるときである。後期資本主義社会では、個人を動機付ける社会文化的システムが、その基盤を失いつつある。政治システムと経済システムが支えを失い体制危機に直面しかねないのである。それまで国民的私生活主義が、脱政治化した公共性の構造を支えてきた。国民は政治参加に関心が低いのに対し、官僚行政の給付活動と制御活動に高い関心を寄せてきた。こうして官僚行政の正統性が調達されてきた。そしてまた家族的-職業的私生活主義が教育制度と雇用制度の構造を支えてきた。国民は家族と消費に関心を寄せ、職業的な昇進競争に努力を傾け納得してきた。しかし人々は教育的・職業的成功が公正な評価システムに基づくとは限らないことを知った。そして余暇や家族といった消費以外の価値に関心を高めつつある。こうして国家の正統性を支える動機付けのシステムが崩れ出している。それゆえハーバマスは後期資本主義の社会国家体制が危機に陥りかねないと診断するのである。

3　コミュニケーション的行為と社会統合

大著『コミュニケーション的行為の理論』（一九八一年）では、社会秩序を合理的に形成する規範が、人間相互のコミュニケーション構造に基礎付けられる。ハーバマスは言語行為論の知見に依拠して「コミュニケーション的行為」概念を規定し、社会的紛争を解決し社会秩序を創出する合理性をコミュニケーション的行為に基礎付けようとする。そうしてハーバマスは「生活世界」を「社会システム」に対抗させる。つまり、コミュニケーション的合理性を概念的に確立することで、複雑化し巨大化する現代社会のシステムにわれわれが一方的に従属化させられるのを防ぐ理性の潜勢力を追求するのである。

†コミュニケーション的行為と討議

まずハーバマスは、日常言語学派を創設した一人オースティン（J.L.Austin 一九一一―六〇年）の言語行為論を批判的に継承し、人間の言語行為を、「発語内行為」と「発語媒介行為」という二つの類型に分ける。そしてこの発語内行為（illocutionary act）がもつ効果を構成要素としてコミュニケーション的行為を概念的に設定する。発語内行為とは、発話の内容それ自体について、対話者との間でコンセンサスに到達することを目的にした行為である。したがって発語内行為の効果とは、発話を通じて合理的に動機付けられたコンセンサスに到達する実際の効験を意味する。たとえば、「たばこを吸わないでください」という発言内容それ自体に対し、対話者は「イエス〔同意〕」か「ノー〔不同意〕」で答える。もし対話者が「イエス」と答えたなら、発話者と対話者との間で発言内容に基づき行為調整が達成されたことになる。これに対し発語媒介的行為（perlocutionary act）の効果に焦点を置くのが「戦略的行為」である。発語媒介的行為とは、対話者に対し発言内容からは隠された意図を、発話者が発話行為を通じて達成しようとする行為である。

つまりコミュニケーション的行為が成立するのは、発話者が自己利益を追求せず、その発話で表現される命題内容とその発語内的力にのみ動機付けられている場合、そして対話者がその命題内容のみに基づいて承認するか否かを態度決定する場合である。発話者が自己の行為計画を対話者の意思に反してまで成果志向的に貫徹する場合、それは戦略的行為に分類される。それゆえコミュニケーション的行為は「了解志向的行為」でなければならない。ここで「了解（Verständigung）」というのは、言語能力と行為能力を備えた主体同士が、意見を一致させる過程である。つまり、相互了解の達成を目標にした過程である。ここで「相互了解」とは、発話者によって掲げられた主張が妥当なものとして受容されることを意味する。

ところで対話者が発言の意味を理解するには、たんに文法規則と、その発言に関係する一般的な脈絡を知っているだけでは十分でない。対話者を相互了解へと動機付ける本質条件を、対話者自身が知っていなければならない。それが、発話行為で掲げられる妥当要求である。つまりコミュニケーション的行為では、発話者はみずからの発言が「真理であること〔真理性 Wahrheit〕」、「正当であること〔正当性 Richtigkeit〕」、「誠実であること〔誠実性 Wahrhaftigkeit〕」を、対話者が妥当として受諾するよう要求している。

この三つの妥当要求は、近代社会が社会的合理化を遂行するなかで分化した理性の各種領域に対応している。すなわち、科学的-技術的な客観的世界では事実確認的な真理性が合理性を保証し、社会的世界では道徳的-規範的な正当性が合理性を保証する。そして表現的な主観的世界では誠実性が合理性を保証する。

もしコミュニケーション的行為で了解に失敗した場合、つまり妥当要求に疑義が提示されるか否認されると、討議（Diskurs）に移行する。討議では、コミュニケーション参加者は、いったん行為を中断して、仮説的態度で根拠を挙げて相互に説得し合う。この意味で、討議とは、コミュニケーション的行為の相互主観的な反省形態である。

この討議は、三つの妥当要求に対応して、三つの形態に区別される。真理性要求に対しては理論的討議が対応し、正当性要求に対しては実践的討議が対応する。そして誠実性要求に対しては美的-芸術批評的討議が対応する。誠実性要求が受諾されるかは、発話者が発言した内容と行為が一貫しているかで試され、また真理性要求と正当性要求が受諾されるかは、同意できる根拠が提示されるかで試される。そしてもし対話者が妥当要求を受諾したときには、その事実に応じて義務が生じる。

† システムと生活世界

このようなコミュニケーション的行為の理論は、理性的思考を、対話的な思考へとパラダイム転換する。つまり諸個人の行為を調整し、社会秩序を合理的に確立していく営みを、人間主体の独話的思考〔自己意識的反省〕ではなく、人間相互のコミュニケーションと「討議」に見る。これは特に、法や道徳の規範的正当性を問う実践的討議の意義を浮かび上がらせる。実践的討議では、妥当要求を掲げる発話者は、妥当性を根拠付ける理由を対話者に提示するよう求められる。つまり道徳規範や法は、支配や強制を受けず、討議参加者が妥当だとして受容しなければ正当性を有さない。しかしいまこの討議が脅かされている。

ハーバマスによれば現代社会は科学的-技術的な目的合理性が優位にある社会である。しかもこの目的合理性が政治にも適用され、社会システムを実効的に機能させることを重視した、官僚行政的テクノクラシーを招来している。これが生活の細部にまで至る法制化〔法的規制〕を推し進め、諸個人の相互主観的なコミュニケーション的行為を侵蝕している。ハーバマスはこれを「生活世界の植民地化」と表現する。現代社会では、言語を媒介にして成立する日常的コミュニケーション領域〔生活世界〕が、貨幣を媒介に機能する市場経済システムや、権力を媒介に機能する官僚行政システムによって支配される局面が増大している。それゆえハーバマスは、新たな社会的紛争はシステムと生活世界との接点で発生していると診断し、批判的社会理論の課題をこの構造の解明と克服に見出す。

とはいえハーバマスは、システム統合を駆逐すべきとは考えない。むしろ必要だと認める。だからこそ社会は生活世界とシステムという二つの相から成るとし、この両者で社会統合が成立すると考える。それゆえ社会的統合も、もっぱら相互了解を志向するコミュニケーション的行為にのみ依拠しているわけではない。社会-文化的生活世界に住まう人間の行為は、日常感覚を超えたところで、社会システムの機能的連関によって調整されている。資本主義社会でその代表格が市場経済システムである。この側面からすれば、社会システムは言語的了解を通じて合意を創出する負担を軽減する。確かに社会的統合を実現するには、行為者が生活世界でそのシンボル構造を活用し、相互了解を達成し合意形成しなければならない。しかし伝統的価値観が無条件で受容されない現代社会では、生活世界の文脈は不確定的になる。するとコミュニケーションを通じた合意形成の需要が高まる。しかしそれは不合意のリスクをも高める。それゆえ貨幣や権力といった制御メディアの役割が増加する。なぜならそれらが相互行為を生活世界の文脈から切り離して行為調整するからである。とはいえ問題は、社会システムが高度に分化していくと、生活世界から自立化し、あたかも客観的自然であるかのように行為者の意思を条件付けることである。複雑化し巨大化していく現代社会システムは、妥当性要求に依拠せず機能領域を拡大させていく。社会システムは、生活世界に侵蝕し解体させていく。文化的伝統や意味を枯渇させ、個人の人格形成に入り込み、言語的了解を通じた社会的連帯を掘り崩す。だからこそハーバマスは、生活世界を保護するために、コミュニケーション的行為の理論を体系化し、コミュニケーション的合理性の潜勢力に期待を託すのである。

4 討議理論と熟議政治

ハーバマスは『事実性と妥当性』(一九九二年)で、法を、民主主義の原理的理解と結び付け、熟議政治という理念を展開する。確かにハーバマスは、生活の細部に至るまで法制化される傾向に批判的であった。なぜなら法制化が拡大深化すれば国民が官僚行政のクライアントと化し、市民の公共的自律を脅かすと考えたからである。しかし法を、民主的な意見形成・意思決定過程によって産出される結果として理解すれば、法制化は、必ずしも生活世界を植民地化する道具になるとは限らない。

ハーバマスは『事実性と妥当性』で、法制度をひとつの行為システムと捉え、生活世界の社会的構成要素に数え入れる。というのも、そもそも法制度は、生活世界のコミュニケーション的行為で用いられる日常言語と結び付いているからである。法は生活世界に根をもつ要求を、行政システムと経済システムを制御する形式へと変換する媒体と考えられるのだ。つまり生活世界とシステムを媒介する蝶番の役割を果たす。こうして法制度は民主的な社会統合の機能を果たすと理解される(『事実性と妥当性』第一章)。

こうした法理解を基礎にすれば、民主的法治国家を支える規範は、正当な法を制定する手続きで示される。つまり、法を正当化する政治的意思決定過程が民主主義の原理的理解に結び付けられる。それが民主主義原理である。

それ自体が法的に組織化された討議による法制定過程において、全ての法仲間の同意を得ることのできる制定法だけが、正統的な妥当性を有する。(『事実性と妥当性』第三章)

民主主義原理に表される討議は、複雑化し価値多元化した現代社会に合わせて多様な局面をもつ。法や公共政策を正当化する「実践的討議」は、概念的に細分化される。道徳的討議、倫理的-政治的討議、実用的討議、そして交渉へと区別化される。

この区別化は、次のようになされる。そもそも現代社会では人々の価値観が多様化した。それゆえ、なにが「正しい」かに応える「正義」と、なにが「善い」かに応える「善」とを区別しなければならない。これに対応して「道徳的討議」と「倫理的討議」とが区別される。つまり実践的討議は、正義を求めて普遍的合意を志向する道徳的討議と、「われわれ」の政治的共同体の社会的文脈でなにが「善い」規範であるか、そしていかなる法や政治決定が正当かを問う「倫理的-政治的討議」とに区別される。更に、所与の条件下で所期の目的を達成するためにどの手段が有効かを問う「実用的討議」が区別される。しかしこれら討議は相互に連関し合う。もし実用的討議の目的それ自体が問われるなら、その議題は「倫理的-政治的討議」に移行する。更にその倫理的-政治的価値判断で対立する場合は、その議題は「道徳的討議」に移行する。道徳的討議では、参加者が抱く価値観や、それを背景で支える文化的価値から離れ、全ての人が受容可能な行為規範が探求される。しかしこれらの討議が困難な場合、「交渉」が行われる。交渉では全ての利害関係者に平等に参加する機会と影響力を保障する手続きに従って、公正な妥協が目指される。ただし、これらの討議で、あくまで道徳的討議が最上位に位置付けられる。法や政治決定の規範的正当性を問う倫理的-政治的討議でも、その結論は道徳的規則と両立しうるものでなければならないからである（『事実性と妥当性』第四章）。

図12-1　熟議政治

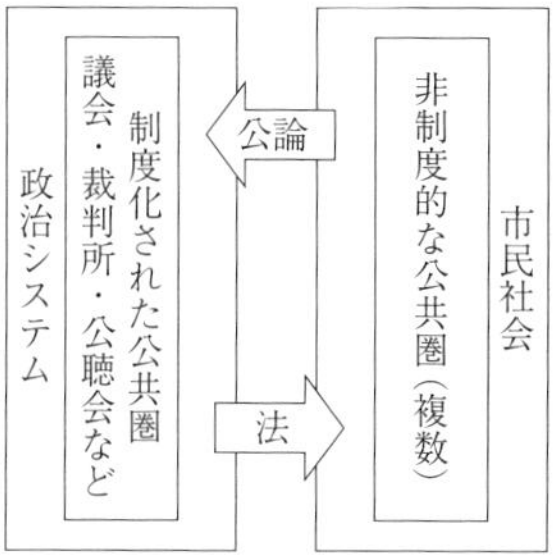

しかしこうして概念的に多様な局面をもつ実践的討議は、民主主義原理とい

かに関連するのか。民主主義原理は、それだけ読めば、国民の全体総会を想定しているようにみえる。しかしもちろんハーバマスは、古代民主政のような、市民が全体総会で法を形成する直接民主制を想定してはいない。現代の法治国家では政治的意思形成過程の制度は、三権分立を前提にした間接民主主義の議会制である。つまり拘束力のある政治決定を公式的に正当化する過程は議会に見出される。あくまで国民主権は手続き的に捉えられる。とはいえ民主的政治過程は議会にのみ存在するのではない。ハーバマスは公共圏が形成される二つの局面を構想する。一方は、議会や内閣や政党といった制度化された組織で形成される公共性である。他方は、NGOや社会運動、市民結社やマスメディアなどが主体となった、市民社会で非制度的・自発的に形成される市民的公共性である。つまり政治過程が二層的に捉えられている。政治過程は、議会とその政治決定を執行する行政機構が担う政治システムと、市民社会とそこで形成される複数の公共圏が担う政治的公共性とから成り立つ。政治システムと市民社会は、コミュニケーションと討議を通じて相互に依存する関係と理解される。多様な公共圏で形成される公論が制度的な政治決定へと変換されるとき、その政治的影響力はコミュニケーション的権力(kommunikative Macht)と呼ばれる。こうした政治過程が全体として熟議政治(deliberative Politik)として構想されるのである。

この熟議政治の理念は、ハーバマスによれば、自由主義的要素と共和主義的要素を統合した民主的政治過程を意味する。自由主義的要素は、国家と社会の区別を前提に個人の自由を基本権として保障する点である。これに共和主義的要素が加わる。それは自由で平等な法的地位を相互承認し合う市民が連帯して自己決定する政治実践を重視する点である(『他者の受容』第九章)。

とはいえあくまで国家市民としての公共的自律は、私的な道徳的-倫理的自律とは区別される。法は、道徳や倫理とは完全に同じではない。法が法として妥当性を有するには、法が実際に制定され、しかも国民一般に対し強制力を背景に執行されなければならない。それゆえ法はひとたび施行されれば国家市民には所与として現れる。

しかしもちろん、政治権力の正統性は合法性に還元されない。その法がなぜ正当か、またその適用解釈は適切か、反省を通じて確かめられる。つまり政治権力の正統性は熟議政治の過程に源泉をもつ。

したがって熟議政治の構想で重要なのは、熟議を通じて架橋される二つの公共圏が緊張関係を保ちながら連絡することである。そのために、制度化された政治-行政システムや市場経済システムから区別された活動領域として、生活世界に根をもつ市民社会が存在しなければならない。市民社会を基盤に自律的公共圏が形成され、連帯を不断に創出していくことで、社会的統合が実現される。そうして熟議政治は市場経済や官僚行政に対抗的力を発揮し、法を通じて制御できる。つまり熟議政治は既存の権力関係を批判的に反省する過程でもある。社会システムの統合機能を、民主的な法制定過程を通じて社会的統合に繋ぎとめることが、熟議政治の課題なのである。

5　世界公共圏の可能性

ハーバマスは一九九〇年代後半以後、国際社会問題に自身の理論を適用していくようになる。その基本的視座は「憲法愛国主義」と「国際法の立憲化」という構想である。

憲法愛国主義の考えによれば、国民は、自由で平等な法的地位を相互に承認し合う法的共同体のメンバー（国家市民）として意義付けられる。つまり、共通の伝統文化、共有された歴史、同一の民族性といった要素で形成される情緒的な紐帯を、国民の連帯の基礎とは考えない。確かに開かれた民主的政治過程を支える憲法理念は、その国ごとに多様に解釈されうる。しかし憲法愛国主義を支えるのは、あくまで国内の多様な文化に共通した、脱慣習的な普遍的道徳と矛盾しない政治文化だとされる（『他者の受容』第四章）。

こうしてハーバマスがナショナリズムに強く反対するのは、ナチスのホロコーストの反省の上に立つからである。確かに戦後西ドイツのドイツ連邦共和国基本法は、当初は、民主的政治過程を経た憲法とは言えなかった。しかしその後西ドイツは民主主義国として強く発展した。ハーバマスはこの事実に民主主義原理に基づく手続き的理念を信頼する政治文化の発展を見る。

この民主的法治国家の理念に立って、ハーバマスは『引き裂かれた西欧』（二〇〇四年）で、国際関係を法制化する可能性を論じる。戦争の可能性を常に潜める国際社会を法によって規制する可能性である。それが「国際法の立憲化」という理念である。ハーバマスはカントの「世界市民法」や「世界市民状態」の理念を、現代の文脈に照らして再解釈して、人権に基づく世界秩序の構築を構想する。

重要なのは、ハーバマスが世界市民状態の理念を、民主的法治国家の理念に接続することである。それは手続き化された国民主権によって可能になる。つまり、立法・司法・行政の諸機関に国家権力の権限が分散され、民主的手続き〔たとえば選挙や投票〕に従ってその権力行使が正統化されるなら、その過程が国際社会との接続局面となる。ハーバマスはカントの世界市民法の理念を個人の自律的主体性の表現として原理的に解釈するが、それは世界市民法が、国家を介することなく直接に個人に世界市民としての法的地位を与えることを意味する。国家市民が世界市民法の理念を参照した世界市民としての視点をもてば、世界共和国の主権者〔世界市民としての統一性〕という虚構を理解する道も開ける。民主的法治国家の政治過程が、世界市民状態を形成する過程に「補完的」に機能するのである。

こうしてハーバマスは、現段階で存在する「多層的システム」を通じて世界市民状態へと至る漸進的なプロセスを構想する。多層的システムとは、国際社会には、超国家的（supranatinal）、国家横断的（transnational）、国内の三つのレベルの統治機能が存在することを表している。超国家的機構として国連が、国家横断的機関としてEUなどが考えられる。民主的正統性が獲得される程度や、市民的文化がどれだけ共有されるべきかで差があるが、ハーバマスはこの多層的システムを通じて国際法の立憲化が漸進的に達成される可能性を構想する。特にグローバルなネットワークを形成しはじめた市民社会が、多層的システムに影響力を行使する「世界公共圏」を形成すれば、法治国家の民主化過程が世界市民法を構築する過程に「補完的」に働きうるのである。もちろんそれはまだ緒に就いたばかりだが、ここにハーバマスはグローバルな水準で民主的な法秩序が構築される可能性を見出すのである。

〔文　献〕

ユルゲン・ハーバマス／細谷貞雄・山田正行訳『公共性の構造転換〔第二版〕』（未來社、一九九四年）
ユルゲン・ハーバマス／細谷貞雄訳『晩期資本主義における正統化の諸問題』（岩波書店、一九七九年）
ユルゲン・ハーバマス／河上倫逸・M・フーブリヒト・平井俊彦・丸山高司・藤沢賢一郎訳『コミュニケーション的行為の理論（上・中・下）』（未來社、一九八五–一九八七年）
ユルゲン・ハーバマス／河上倫逸・耳野健二訳『事実性と妥当性（上・下）』（未來社、二〇〇三年）
ユルゲン・ハーバマス／高野昌行訳『他者の受容』（法政大学出版局、二〇〇四年）
ユルゲン・ハーバマス／大貫敦子・木前利秋・鈴木直・三島憲一訳『引き裂かれた西洋』（法政大学出版局、二〇〇九年）
朝倉輝一『討議倫理学の意義と可能性』（法政大学出版局、二〇〇四年）
内村博信『討議と人権―ハーバーマスの討議理論における正統性の問題』（未來社、二〇〇九年）
遠藤克彦『コミュニケーションの哲学―ハーバーマスの語用論と討議論』（世界思想社、二〇〇七年）
小牧治・村上隆夫『ハーバーマス』（清水書院、二〇〇一年）
中岡成文『ハーバーマス』（講談社、一九九六年）
日暮雅夫『討議と承認の批判理論―ハーバーマスとホネット』（勁草書房、二〇〇八年）
ジェームズ・ゴードン・フィンリースン『ハーバーマス』（岩波書店、二〇〇七年）

第13章 ノージック

■最小国家の擁護

【キーワード】　リバタリアニズム、権利、権原、最小国家、ユートピア

1　はじめに

ロバート・ノージック（Robert Nozick 一九三八–二〇〇二年）は、ハイエクやフリードマンと並ぶ代表的なリバタリアン（libertarian）である。彼の主張の核心は、個々人の権利を最大限尊重するならば、擁護されるべき国家の形態はアナーキー（無政府）や福祉国家ではなく、「最小国家 minimal state」であるということだ。その主張は、ジョン・ロールズの『正義論』と並んで現代政治思想の古典とされている『アナーキー・国家・ユートピア』の中で展開されている。本章では、その古典的著書を中心に「最小国家」の意味を明らかにしていきたい。

まず、ノージックが育ったアメリカ合衆国の思想状況を確認しておこう。ノージックが生まれたのは一九三八年一一月一六日、ニューヨークのブルックリンであった。父親はロシア系ユダヤ人移民である。ノージックの少年時代は第二次世界大戦直後で、アメリカ型の自由主義とソ連型の共産主義の対立が鮮明になりつつあった時代である。この対立は、アメリカにおいて「自由主義の逆説」ともいえるジレンマを生んだ。本来、自由主義に従えば、それが本人の自由意志に基づく選択である限り、どのような思想を信奉することも許容されるべきである。

したがって、人々が全体主義や共産主義などを支持し、自由を否定することをも許容されなければならなくなる。しかし、本当にそれで良いのか。このジレンマを解決することが、当時の思想家たちの大きな課題だった。仲正昌樹は、「こうした自由主義の逆説をめぐる緊張状態が、七〇年代以降のリベラリズム論議の原点になったと見ることができる」と述べている（仲正昌樹『集中講義！ アメリカ現代思想』）。

ノージックに強い影響を与えたフリードリヒ・ハイエク（一八九九－一九九二年）も、そのような課題に取り組んだ一人である。一九四四年に出版された『隷従への道』では、全体主義や社会主義、共産主義が、計画経済を志向する点で同じであると指摘した。そして、市場は単なる交換の場ではなく、個々人がそこで厳しい競争に晒されることによって自由の精神が鍛えられる場でもあり、国家による介入は排除されなければならないと主張した。ノージックは、プリンストン大学で学んでいた学生時代、新左翼や社会主義に惹かれていたらしい。しかし、ハイエクなどの影響でリバタリアニズムに転向し、最小国家の正当性を擁護するのである。ハイエクやフリードマンが経済学の立場からリバタリアニズムを擁護したのに対して、ノージックは哲学の観点からリバタリアニズムを支持した。

ロバート・ノージック

実は現在、ノージックのリバタリアニズムをそのまま支持する思想家はほとんどいない。ノージック自身、理由は不明だが、後に彼がリバタリアンであることを否定している。にもかかわらず、『アナーキー・国家・ユートピア』は現代政治思想の古典として生き残り、影響を与え続けている。それは、多くの批判を受けつつも、この著書が権利と国家に関する哲学的に強力で一貫した議論を提供する魅力的な書だからである。ハーバード大学で教鞭をとっていたノージックが死亡したのは、二〇〇二年一月二三日、死因は胃がんである。遺体はマサチューセッツ州のマウント・アウバーン墓地に埋葬されている。以下では、リバタリアニズムとは何かを確認した後、ノージックの権利論と、彼がどのように「最小国家」を擁護したのか見ていきたい。

2　リバタリアニズムとは何か

リバタリアニズム（libertarianism）とは何か。日本の代表的リバタリアンである森村進によれば、リバタリアニズムは諸個人の経済的自由と政治的自由をともに最大限尊重する思想である（森村進『自由はどこまで可能か』）。経済的自由とは、個々人の経済的な活動において、国家権力からの干渉を受けない自由であり、たとえば営業の自由や職業選択の自由、財産権の保障が含まれる。政治的自由とは、個々人の政治的活動において国家権力から干渉を受けない自由であり、思想良心の自由や表現の自由などがこれに含まれる。リバタリアニズムの立場は、リベラリズムや保守主義と比較すると分かりやすい。リベラリズムは政治的自由を尊重するが、経済的自由に対する制約には比較的寛容である。他方、保守主義は政治的自由に対する制約には比較的寛容だが、経済的自由は尊重すると言われている。両者の自由をともに最大限尊重するのがリバタリアニズムの立場である（表13-1）。

この図を見ながら、リバタリアニズムとリベラリズムの関係を中心に少し説明を加えたい。まず、政治的自由や経済的自由を尊重する、あるいは軽視するといっても、その程度は論者により様々である。一般的に、リベラリズムが経済的自由を軽視するというのは、政治的自由と比較して、国家による経済的自由への制約がより緩や

表13-1　リバタリアニズムと他の立場

	政治的自由	経済的自由
リバタリアニズム	尊　重	尊　重
リベラリズム	尊　重	軽　視
保守主義	軽　視	尊　重

かな判断基準に基づいて認められるということである。政治的自由に対する制約も認められるが、その場合は厳格な基準によって判断されなければならない。リバタリアニズムの立場からすれば、政治的自由に対する制約も経済的自由に対する制約も、ともに厳格な基準で判断されなければならないということになる。ノージックは極端な立場をとり、少なくとも所有権については絶対的な権利であり、いかなる制約も認められないと考えている。

政治的自由と経済的自由に対する考え方の違いは、国家像の違いに直結する。リバタリアニズムの立場からすると、擁護されるべき国家像は「最小国家」か「無政府（アナーキー）」のいずれかである（ただし、後者を「無政府主義」としてリバタリアニズムと区別する見解も有力である）。最小国家とは、国家に認められる機能を防衛や治安維持、警察的機能に限定するものである。最小国家は批判的な意味を込めて「夜警国家」ともいわれる。これが、ノージックが支持する国家像である。無政府主義は、国家にそのような最低限の機能さえも認めない立場である。最小国家やアナーキーは、政治的・経済的自由を最大限尊重した場合の論理的な帰結である。政治的自由も経済的自由も、国家権力による介入から個人を防御する権利を中核とする、いわゆる「国家からの自由」である。これらの自由を最大限尊重するということは、国家の役割を最小限に抑えることを意味する。つまり、自由と国家は反比例の関係にあると言ってよい。

最小国家は、リベラリズムが支持する「福祉国家」と比較すると分かりやすい。リベラリズムは、経済的自由に対する国家による制約を比較的容易に認める。たとえば、課税は経済的自由の一つである財産権の制約である。リベラリズムがこれを認めるのは、公正な配分原理からすれば、国家には財の再配分機能があると考えるからである。自由市場に完全に任せてしまうと、経済的に成功した者と失敗した者との間に貧富の差が広がり、不平等が発生する。これを是正するための福祉政策は、国の重要な機能であるとリベラリズムはいう。リバタリアニズムの立場からすれば、これは経済的自由の侵害であり認められない。経済格差を是正するのは重要であるが、それを行うのは国家の任務ではないということになる。

「リバタリアニズム」という呼び名の由来についても触れておきたい。リバタリアニズムは、自由至上主義や古典的自由主義、自由放任主義、自由尊重主義など様々に訳される。このような呼び名が普及しはじめたのは一九五〇年代、「経済教育財団」の創立者レオナルド・リードがリバタリアンを自称してからである。その背景には、「リベラリズム」(自由主義)という言葉の意味の変化がある。従来、リベラリズムとは自由を尊重する思想であり、今のリバタリアニズムを指していた。しかし国家の機能が拡大し、福祉政策などを行うようになると、福祉国家や社会民主主義などの意味でリベラリズムという言葉が使われるようになり、支配的となった。その結果、「元祖」リベラリズムは新しい言葉を発明する必要に迫られたのである。

このように、リバタリアニズムは政治的・経済的自由を最大限尊重し、その結果として「最小国家」あるいは「アナーキー」のいずれかを擁護する。ロバート・ノージックは、リバタリアニズムを代表する政治哲学者であり、独自の権利論を展開し、最小国家を強力に擁護した。

3 ノージックの権利論

『アナーキー・国家・ユートピア』の序文は、以下の一文から始まっている。

諸個人は権利をもっており、その権利を侵害することなしには、いかなる人や集団も、個人に対して行ってはならないことがある。（『アナーキー・国家・ユートピア』序）

この一文は、ノージックの政治思想を端的に表現している。彼の議論のスタート地点は「権利」である。そして、その権利を最大限尊重した場合に、国家の役割がどこまで認められるかを問うのである。ノージックが想定する権利は消極的権利ないし自由権であるが、それは国家から干渉されないことに特色がある。そうだとすると、権利と国家は表裏の関係にある。すなわち、権利の範囲が広いほど、国家の権限が縮小するのである。権利を最大限尊重した場合、国家に残される権原は暴力や窃盗、詐欺などから個人を保護することと、契約の執行などに限定されるとノージックはいう。では権利とは何か。まずはノージックの権利概念を検討しよう。

† 権利の不可侵性

ノージックは、権利の絶対性ないし「不可侵性」を主張する。権利の不可侵性とは何か。一般的に、適切な道徳的理由があれば、権利を必要な範囲内で制約することは許されるといわれる。たとえば、公共の福祉や公共の利益、環境保護、治安、景観の保護など、個人の権利を制約してでも守らなければならない諸価値がその理由として主張される。これに対してノージックは権利の「網羅性」を主張する。また、権利同士が衝突し、何らかの調整が必要な場合も、その必要な限度で権利を制限しても良いというのが一般的な考え方である。こうした考え方に対して、ノージックは「消極的権利のみが真の権利」であるという主張を対置する。こうして、当事者の同意がある場合を除いて、どのような場合にも権利は制約できない――すなわち不可侵である――と主張するのである。それはどういった主張なのか？

公共の福祉や利益など、権利と競合する他の諸価値について、ノージックは権利の「網羅性」を主張することでその不可侵性を擁護する。権利の「網羅性」ないし「包括性」とは、政治哲学において問題となるのは権利の問題のみであり、それ以外の諸価値は対象外であるということである。ここで鍵になるのは「強制」だ。ノージックは「正当な事柄」と「強制するのが正当な事柄」を区別する。そして、「強制するのが正当な事柄」に関する問題は権利の問題なのであり、それこそが政治哲学の対象であると主張する。たとえば、ある者が正当に所有する土地に高いビルを建てたとする。このビルが地域全体の景観を害するとしても、土地所有者はビルを建設する正当な権利をもっているのであり、景観の保護がその権利を制限する正当な理由にはならないということである。しかし、これはビル建設が道徳的に「正しい」ことを意味するわけではない。たとえある行為が道徳的に間違っているとしても、それが権利をもつ者に対して「強制的に」阻止する理由にはならないということである。

では、権利同士が衝突する場合はどうするのか。ノージックによれば、権利の衝突は起こらない。なぜなら、ノージックの想定する権利は「消極的権利」のみだからである。消極的権利とは、不干渉の権利、自身の生命や財産に対して危害を加えられない権利である。他者に対して積極的な行為を要求しない消極的権利は、その性質上、衝突することを想像するのは困難である。これに対して、一般的に、権利といった場合には積極的権利も含まれることが多い。積極的権利とは、ある者に対して何かを提供したり、行動を起こしたりすることを要求する権利である。社会権などがその典型であり、国家に対して最低限の生活水準の保障や義務教育の実施を要求する。ノージックは、積極的権利の存在を否定しているわけではない。しかし彼は、積極的権利は人々の合意や契約がある場合に、その結果として存在しうる二次的な権利であると考えているのである。

ここで重要なことは、消極的権利を守るための警察力や軍事力を国家に認めることは、一般的に合理的だろうということだ。個々人の生命や財産は、個々人で守るよりも国家に任せた方が効率的で確実だろう。もちろん、中には自分の生命は自分だけで守りたいと考える人もいるだろうから、消極的権利と国家が必然的に両立するわけではない。ノージックが権利と矛盾しない形で最小国家を樹立しようと思えば、この合理性と少数の反対者の問題をどう処理するかが問題となる（詳しくは**4**で述べる）。

ノージックは、権利とは「消極的権利」のことであり、政治理論は「強制するのが正当な事柄」に関する「網羅的な」問題を扱うものだとすることで、権利の絶対不可侵性を主張した。しかし、この主張には多くの批判がある。最も重要な批判が、彼の主張は権利の不可侵性を論証したというよりも、単にそのように想定したにすぎないというものだ。なぜ、政治哲学において権利のカテゴリーの中に積極的権利は含まれないのか。なぜ、強制に関する問題について、権利は網羅的であるといえるのか。他の多くの政治理論が積極的権利を扱い、権利以外の諸価値を含めて検討している以上、ノージックは権利の絶対不可侵性を根拠付ける何らかの理由を提出しなければならないだろう。

実は、ノージック自身、権利の不可侵性に関する決定的な理由を提示できていないことを認めている。しかし、一つの重要な方向性は示している。ノージックは、「個人は目的なのであり、単なる手段ではない」というカントの原理に言及している。ただし、この原理（人格の別個性と言われる）から、どのようにしてノージック的な消極的権利を導出できるのかは明らかではない。

† 所有権＝権原の理論

権利の中でもとりわけ重要なのが「所有権」である。なぜなら、所有権をどのように考えるかによって最小国家と福祉国家が分かれるからである。リベラルが擁護する福祉国家は財の再配分機能を認めており、そのためには所有権を制限することが不可欠である。ノージックの擁護する「最小国家」は財の再配分機能を認めない。その根拠は、それが個々人の所有権を侵害するからである。では、ノージックの考える所有権とは何なのか。

ノージックの考える所有権は、彼独自の「権原の理論 theory of entitlement」に基づいている。所有権とは自分自身の身体と財を所有する権利である。しかし、どこからどこまでが自分の財といえるのかを示す基準がなければならない。ノージックの権原理論によれば、人々が正当に財を所有するためには三種類の方法しかない。一つは、すでにそれを正当に保有している者から正当に入手される場合である。これは「移転の正義」と呼ばれる。もう一つは、一定の状況の下、自然から「占有 appropriate」する場合である。これを「獲得の正義」という。最後に、所有物が不正に獲得ないし移転された場合の取り扱いについて、「不正の矯正の原理」がある。これらの手続きを経て財を所有する場合、それらの財に対する権原がある、という。つまり、上に挙げた手続きに基づく限り、自由に財を処分する絶対的権利をもつことである。これら以外の方法で財を所有する場合は、不正であると見なされる。

このことから、財の所有者の同意がない限り、国家が強制的に課税をすることは権利の侵害となる。そうすると、国家は、福祉政策を行うことができない。たとえば日本国憲法二五条二項は「国は、全ての生活部面について、社会福祉、社会保障及び公衆衛生の向上及び増進に努めなければならない」と定めているが、国がこれを実施すると、ノージックの立場からは権利侵害にあたる。

権原の理論には批判も多い。ノージックの権原の理論は、ジョン・ロックの所有論に依拠していると言われる。しかし、両者は決定的な点で異なっている。ロックの所有論は、人が無主物に対して自分の労働を加えることにより、その無主物に対する所有権が生じるというものである。とりわけノージックが主張する獲得の正義は、ロックの所有論と非常に良く似ている。しかし、ロックは無制限の所有を認めているわけではない。ロックは、他人にも十分に、同じようにたっぷりと残す場合にのみ、正当に財を獲得できると述べている。この「ロックの但し書き」部分を、ノージックは無視しているように見える。

4　最小国家の擁護

† 最小国家の導出

3では、ノージックの考える権利とは何かを見た。ノージックにとって権利は絶対不可侵であり、権原理論に基づく所有権からは、福祉国家は認められないことを確認した。しかし、権利の絶対性を極限まで推し進めるならば、いかなる国家も認められなくなってしまうのではないだろうか。たとえば、アメリカの無政府主義者ベンジャミン・タッカーは、「もし個人が自分を統治する権利をもっているとするならば、あらゆる外からの統治は圧政である」として、最小国家すらも不正であるとした。ノージックはこの主張に対して、権利を侵害せずに最小国家が成立することを示さなければならない。ノージックの方法は、国家の一般的な条件を設定したうえで、人々が合理的に行動するならば最小国家に至ることを疑似歴史的に描写するというものだ。

まずノージックは、国家を以下の二つの条件を備えた主体であると仮定する。第一に、国家は領域内の実力を独占し、その正統性を主張する。第二に、国家は領域内に住む全ての者に対する保護サービスを提供する。これらの条件はかならずしも全ての国家に当てはまる条件ではないが、ノージックは国家の定義を問題にしているわけではない。一応、これらの特徴を備えた団体を国家と考えた場合、それが権利を侵害しない形で成立するのかどうかが問題なのである。ノージックは、ホッブズやロックの伝統に従い、自然状態から最小国家に至る仮想的な歴史を描写する（表13－2）。

まず、「自然状態」においては個々人が完全に分離しており、国家も何らかの集団も存在しない。個々人は権

表13-2　自然状態から最小国家への疑似歴史

諸段階	説　明
① 自然状態	・個々人が完全に独立している状態 ↓ ・紛争時に客観的に判断する主体がない ↓
② 相互保護協会	・いわゆる「同盟」の状態 ↓ ・維持コストが高い ↓
③ 商業的保護機関	・起業家が業務を代行 ↓ ・更に効率を高める余地がある ↓
④ 支配的保護機関	・少数の保護機関に淘汰された「独占」状態 ↓ ・まだ支配下に入らない独立人がいる ↓
⑤ 超最小国家	・予防的に独立人の行為を禁止 ↓ ・禁止された独立人への「賠償」が必要 ↓
⑥ 最小国家	・賠償として保護サービスを提供

利を持っているが、それが侵害された場合に訴えるべき公正な裁判所も、自然権を保護してくれる行政機関や団体も存在しない。そのような状態において紛争が起きた場合、人々はそれぞれに自分に有利な判断をする傾向があり、それを公平に処理する方法が存在しない。では、どのようにして紛争を解決すべきであろうか。ノージックによれば、最も自然な考えは個人が他者と団結して「相互保護協会」を作るというものだ。いわば人々と「同盟」することによって、一人では敵わない侵害者に対して対抗することができるようになるだろうという。こうして、自然状態から第二段階の相互保護協会へと移行する。

相互保護協会によって、個々人で紛争に対処するよりははるかに合理的なシステムが成立した。しかし、他人のために時間と労力を費やすこのシステムは、維持するためのコストがとても高い。協会の仲間がイザというときに本当に助けてくれる保証もなく、常に不安定である。そこで、ノージックは分業が起こるだろうと予想する。すなわち、保護サービスを専門に提供する起業家たちが現れ、彼らに一定の対価を支払うことでサービスを買うことができるようになる、というのである。こうして「商業的保護機関」が誕生し、疑似的国家誕生の歴史は第三段階へ移行したことになる。

商業的保護機関は、いくつもの小さな機関が乱立するよりも、相互に合併したり協力したりする方が更にコストが下がることに気付くだろうと、ノージックは言う。こうして、商業的保護機関は少数の「支配的保護機関」へと淘汰される。これが第四段階への移行である。こうして保護機関はかなり国家に近付いたが、まだその領域内に住む全ての者に対して保護サービスを提供するという段階には至っていない。

ある領域の中で、いずれの保護機関にも属そうとしない独立した個人がこの段階でも残っていると仮定しよう。その個人が保護機関のクライアントの権利を侵害する可能性がある場合、保護機関はその個人に対して一定の行動を予防的に禁止する。そして、そうした禁止行為を行う権限があると主張する。そのとき、この保護機関は「超最小国家」になったとノージックは主張する。すなわち、領域内に住む全ての人に対して実力を正統に独占したのである。こうして、疑似的歴史は第五段階に達した。

超最小国家に所属するクライアントの権利を保護するため、他人に害を及ぼす可能性があるにすぎない行為を禁止されることによって差別的な不利益を受ける者に対しては、その不利益につき、賠償されなければならない、とノージックは言う。これを「賠償原理」と言う。では、賠償の中身とは何か。ノージックによれば、それは保護サービスを提供することである。こうして、結果として領域内に住む全ての者に対して保護サービスが提供されることになった。既に領域内における実力を正統に独占している超最小国家は、こうして国家の二条件を満たし、最後の段階である「最小国家」に至ったのである。

人々の権利を侵害せず、かつ国家の二条件を満たすというパズルのような思考実験を積み重ねて、ノージックは最小国家を論証した。しかし、その論証は成功しているだろうか。特に問題なのは、第五段階（超最小国家）への移行である。最後まで保護機関への加入を拒否する少数者に対して、一定の行動を予防的に禁止する権限がなぜ保護機関にあると言えるのか。また、彼らに対する補償がなぜ保護サービスを提供することなのか。ここには論理の飛躍があるように思われる。

† 最小国家とユートピア

仮に、ノージックが最小国家の論証に成功しているとしよう。しかし、最小国家はどれほど魅力的なのだろうか。それは、個々人の権利を尊重した場合に、消極的に立ち現れる最後の選択肢でしかないのだろうか。ノージックはそうではないと言う。最小国家は、十分魅力的なのだと主張する。なぜなら、それは一つのユートピアだからだ。ノージックは次のように言っている。

> 導くべき結論は、ユートピアにおいては、一種類の社会が存在し、一種類の生が営まれるということはないだろう、というものだ。ユートピアは、人々が異なる制度の下で異なる生をおくる複数のユートピアから、多様なコミュニティからなっているだろう。（『アナーキー・国家・ユートピア』第一〇章）

ノージックの政治哲学の根底には、人格の個別性がある。すなわち、人は皆異なっているということである。人は多様である。何が善いか、何が好きか、何が嫌いか、それは人それぞれである。したがって、全ての人が満足する最善の社会が一つしかないということはありえない。本来のユートピアは複数存在する。すなわち、人々が異なる制度の下で異なる生を営むための、多数で多様な共同体があるのである。そして、最小国家はそのような多数の共同体＝ユートピアの「枠」として機能する。

全ての人が最小国家による保護サービスを受ける。しかし、最小国家はそれ以上のサービスを提供しない。たとえば福祉政策の実施は最小国家の義務ではない。とはいえ、ノージックは貧困者の窮状は無視すれば良いと考えているわけではない。道徳的に正しいことと、法によって強制するのが正しいことの間には区別が必要であり、前者については国家が関与すべきではないと考えているのである。福祉政策を実施すべきであると人々が考えるならば、そう考える人だけが集まって、最小国家の枠の中で共同体を形成すればよい。福祉は重要でないと考える人は、その共同体に所属しなければよいだけの話である。そうすることが、人格の個別性を尊重するということである。「ユートピアとしての枠」の核心は、人々が自分自身のユートピアを構想し、生きていけるような基盤を提供することである。最小国家の中では、個々人は自由に様々な共同体を作ることができるのである。

「ユートピアの枠」としての最小国家には批判もある。福祉国家との関係で特に注目すべき批判は、ユートピアの実現可能性ないし生き残りの可能性に関するものである。たとえば、社会保障が充実した共同体を理想とする人々がいるとしよう。しかし、その共同体は生き残ることができるだろうか。そもそも、金持ちは自分自身で十分自立した生活を送ることができるため、他者から社会保障や生活保障を受ける必要がなく、そのような共同体に所属する理由がない。むしろ、そのような共同体に所属してしまうと一方的に社会保障を提供することになってしまい、損をする。だとすると、実際にその共同体に所属したいと思う人には低所得者が多いということになるだろう。しかし、社会保障を必要とする低所得者だけが集まっても、社会保障を供給するための予算を十分に確保できず、結局その共同体は破産することになるだろう。社会保障を実現するためには、高所得者から低所得者へ財を強制的に再配分する国家の役割が不可欠であるように思われる。

5　むすびにかえて

ノージックの企ては、最小国家を擁護することであった。それを、彼は三つの方向から試みた。一つは、権利の絶対不可侵性の立場から、福祉国家が権利、とりわけ所有権を侵害することを示すことであった。二つ目は、自然状態から最小国家に至る疑似歴史的なプロセスを論証することであった。人々が合理性・効率性を求めるならば、個々人の権利を侵害することなく、自然状態から相互保護協会、商業的保護協会、支配的保護協会、超最小国家を経て、最小国家に至る道筋を示した。そして三つ目が、「ユートピアの枠」としての最小国家の魅力を証明することである。最小国家は、いわば「メタ・ユートピア」として、その枠の中に無数のユートピアを許容する。最低限個々人の生命と財産が保障された最小国家の中で、自由にそれぞれが求める理想に従って共同体を形成するという構想は、魅力に溢れたものであった。

しかし、その試みは成功したとは言い難い。彼は、絶対的な所有権を基礎として、最小国家を擁護した。彼の主著『アナーキー・国家・ユートピア』は、一つの原理を所与として、その帰結を徹底的に探究することで、人々を驚かすような新鮮な論理的帰結を表現した。しかし、それは一見疑いようのない善き価値であっても、それを論理的に展開したり、様々な状況に適用したりした場合、必ずしも望んでいたような結果にはならないかもしれないということも示した。また、実際の政治社会においては、権利と自由だけが唯一絶対ではない。平等や効率性なども考慮に入れなければならない。そうした様々な諸価値を可能な限り整合的に理論化していくことが、やはり政治理論には求められるのではないか。

〔文　献〕

ウィル・キムリッカ／千葉眞・岡崎晴輝訳『新版　現代政治理論』（日本経済評論社、二〇〇五年）
ジョナサン・ウルフ／森村進・森村たまき訳『ノージック―所有・正義・最小国家』（勁草書房、一九九四年）
ロバート・ノージック／嶋津格訳『アナーキー・国家・ユートピア―国家の正当性とその限界』（木鐸社、一九九五年）
仲正昌樹『集中講義！　アメリカ現代思想―リベラリズムの冒険』（日本放送出版協会、二〇〇八年）
森村進『自由はどこまで可能か―リバタリアニズム入門』（講談社、二〇〇一年）

＊ 本章の記述は、担当者個人の見解によるもので、当人の勤務する公的機関等の見解を反映するものではない。

第14章 サンデル

■公共性と共和主義

【キーワード】　共通善、正義、コミュニタリアニズム、負荷なき自己、共和主義、公共性、美徳、エンハンスメント

1　サンデル登場の背景

マイケル・サンデル（Michael Sandel 一九五三年—）は八〇年代以降にリベラリズムと対抗する形で登場した、コミュニタリアニズムを代表する思想家である。ロールズによって切り開かれた政治理論の分野では、七〇年代を通じてロールズらのリベラリズムとノージックらのリバタリアニズムが対立軸として設定されていたが、サンデル『リベラリズムと正義の限界』（原著一九八二年）以降、コミュニタリアニズムが注目を集めるようになった。コミュニタリアンと呼ばれる思想家のうち、サンデルは第二世代に当たる。第一世代といえるのは、サンデルのオックスフォード時代の恩師であるチャールズ・テイラーをはじめ、マッキンタイア、ウォルツァーらであるが、彼らの研究がコミュニタリアニズムというひとまとまりの思想潮流であると認知されるようになったのは、サンデルの同書によるロールズ批判と、善と正義の優先関係を巡る問題設定によるところが大きい。

サンデルが登場した当時、政治哲学のアメリカ的リバイバルとして成立した政治理論の分野では、リベラリズムとリバタリアニズムが対立していた。リベラリズムとリバタリアニズムは国家に再分配の権限があるかどうか

を巡って激しく争ったが、個人がそれぞれ分離し、独立した主体であるという想定は共有していた。サンデルはこうしたロールズ理論の基本的想定を批判し、善き生の構想から独立して正義を考えることはできず、正義は善き生の構想を含むべきであると主張した。いわばサンデルは政治哲学と倫理学の接合を構想したのである。そうした立場から、サンデルは功利主義的正義論、そして義務論的正義論を批判する。功利主義は正義と権利の問題を原理の問題として扱わず、全ての善をたった一つの統一された基準から検討し、個々の質的な相違を考慮しない点が問題である。そして義務論的正義論は、正義と権利の問題は真剣に受け止めるが、善の問題を正義が越えたところにあるものだと考えることで括弧に括ってしまう点が問題である。サンデルによれば、正義は美徳や公共性を涵養し、自己統治という目的に資するものであるべきなのである。

実は私は
コミュニタリアンでは
なくなりつつある
マイケル・サンデル

また、サンデルの議論はアメリカの政治の実際的な状況にも呼応している。サンデル自身が言及しているように、一九六四年以降、民主党出身の大統領は、ウォーター・ゲートの余波を受けて当選したジミー・カーター、ビル・クリントン、そしてバラック・オバマの三人しかいない。サンデルはこの事実の原因を、民主党がリベラルな言説が善に対する中立性を重んじるあまり、国民の政治への期待を裏切り続けてきたことだとする。民主党出身で大統領となったクリントンもオバマも善についての議論を避けず、それによって勝利した。とするならば善に関する公共的な議論こそ、国民が求めているものであり、それこそが国民の政治への関心を高めるものではないか。そういったサンデルの議論は、こうしたアメリカ国内での政治状況を反映したものだともいえる。ベトナム戦争以降のアメリカ国内における道徳的混乱と経済的分断による公共空間の空洞化を受けて、共和主義的なヴィジョンに従って秩序の再構築を目指すという構想が、サンデルの思想の根幹にあると言えよう。

現在までサンデルは六冊の単著を出版しているが、こうした基本的な主張に大きな変化はない。ロールズの義務論的な理論の難点を指摘し（『リベラリズムと正義の限界』）、そのうえでリベラリズムの本質を善き生の構想に対する国家の中立性志向にあるとして、その思想的源流をアメリカ史の中で振り返りつつ、目的論的な正義論としての共和主義の再生を目指す（『民主政の不満』・『公共哲学』）。また、そうした倫理学と政治哲学との接合によって、現実的な政治課題にどのように応答できうるのかについて、生命倫理を取り上げつつ論じ（『完全な人間を目指さなくてもよい理由』）、経済政策における共和主義のあり方を模索している（『それをお金で買いますか』）。以下の各節では、こうした議論の流れを、順を追ってみていきたい。

2 『リベラリズムと正義の限界』——ロールズ批判

『リベラリズムと正義の限界』におけるサンデルのロールズ批判は要約すれば以下のようになる。すなわち、ロールズの述べるような、矯正的正義（格差原理）を含む正義の原理に同意し、契約を結べるのは、「無知のベール」に覆われた「負荷なき自己」ではなく、コミュニティ感覚と同胞愛を持つ「負荷のかかった自己」ではないかということだ。もしこうした矛盾に目を向けるならば、正が善に対して優先されるという考え方は再考を迫られるのではないか、とサンデルは考える。同書では、こうした議論を単純にロールズの「無知のベール」という想定が現実的でないという外在的な批判をしているわけではない。むしろ以下にみるように、ノージックらのロールズ批判も参照しつつ、ロールズの『正義論』（原著一九七一年）を丁寧に読解し、内在的に批判しようとしている。

まず、サンデルによれば、ロールズの『正義論』は以下のように整理できる。ロールズ理論は、功利主義を含む帰結主義的倫理学と対置される義務論的倫理学を背景にしているので、義務論的リベラリズムといえる。その特徴は、主体がその選択や目的に先行して存在するという「目的に対する自己の優先」と、正義を社会制度の第一の徳と考え、善き生の構想より優先されるべきだという「正の善に対する優先」である。宗教的信念やコミュニティ感覚によって本質を構成されていない主体（「負荷なき自己」）が、特定の善き生の構想に依拠しない正義を仮設的な契約によって選び取るというのが、ロールズ理論の核心だとサンデルは考える。

次にサンデルは、そうしたロールズ理論の内実を、ノージックによるロールズ批判を手がかりにしつつ明らかにしようとする。ロールズとノージックは、分配の正義に関しては激しく対立しているが、功利主義を主体間の区分を曖昧にするものと批判し、主体の独立性を強調する点では一致している。そう考えると、やはりロールズ理論とは、そうした主体の自由を強調しながらも、最も不利な人に最大の利益を与えるような場合にのみ、不平等（な再配分）は許容されるという「格差原理」を擁護することに特徴がある。ロールズからすれば、リバタリアン的な自然的自由は、初期状態の道徳的恣意性を再生産するだけであるし、能力主義的なリベラルな平等は、出発点を平等にしようとする点では評価できるが、人々に降りかかる不運に対して無力である。だからこそ、格差原理を採用し、民主主義的な平等を擁護する必要があると考える。

サンデルは、こうしたロールズの論理の背後に、個人の持つ才能や資質といったものが社会の共有財産であるとする考え方があることに注目する。サンデルによれば、ここがロールズとノージックの異なっている点である。ロールズの想定する「負荷なき自己」とは、才能や資質の容器でしかなく、そうしたあらゆる特性と関係はしていても、それに影響を受けるような強い結び付きは持っていない。ロールズは一方で主体の独立性を強調し、も

図14-1　サンデルの『正義論』批判

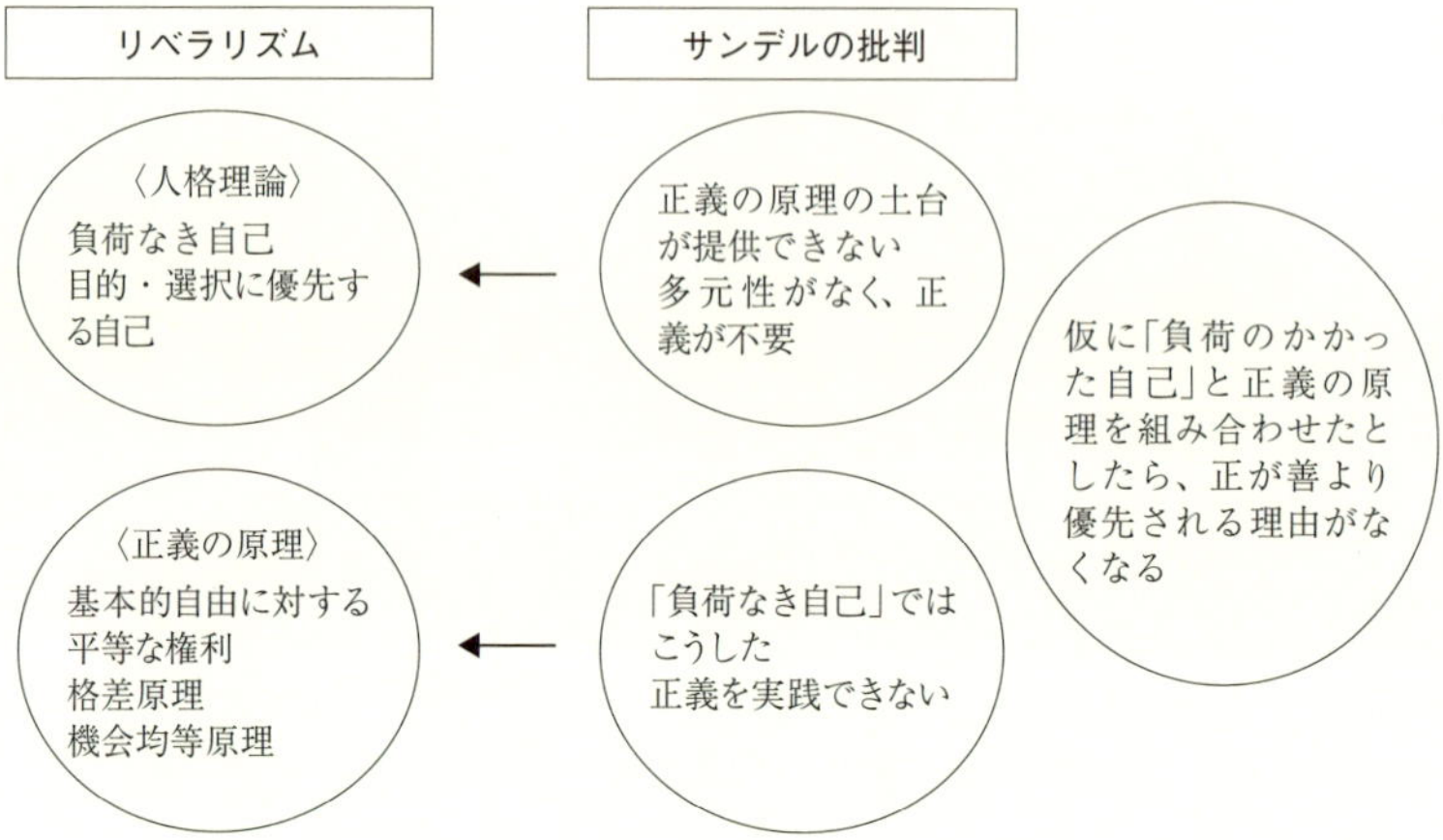
リベラリズム
サンデルの批判
〈人格理論〉
負荷なき自己
目的・選択に優先する自己
正義の原理の土台が提供できない
多元性がなく、正義が不要
仮に「負荷のかかった自己」と正義の原理を組み合わせたとしたら、正が善より優先される理由がなくなる
〈正義の原理〉
基本的自由に対する平等な権利
格差原理
機会均等原理
「負荷なき自己」ではこうした正義を実践できない

う一方でその主体に関係するあらゆる才能や資質を共有のものと見なすことで、義務論的倫理学を維持しつつ、契約論的なモデルから格差原理を導出しようとしている。だが果たしてこれが整合的なのか。この問いがサンデルの同書での議論の焦点である。

その問いに答えるためにサンデルが注目したのが、契約の道徳性の源泉である。契約が道徳的拘束を生む源泉は自律性と互恵性の二つの根拠がありうるが、ロールズは自律性を重視している。これは言い換えれば、契約の内容よりもその手続き性を重視していることに他ならない。であれば、正義の原理は様々な異なる立場の当事者によって選択され、合意されることによって道徳的拘束力を生むのであって、理性によって発見され、正当化されることによってではない。特に、当事者に多元性があることは、正義が必要となる必須条件である。なぜなら、善き生の構想に相違がない社会においては、そもそも善き生の構想を調停する正義の構想は必要ないからである。ところがサンデルによれば、ロールズは「無知のベール」を導入することで、契約の仮設的状況において、自己から多元性を切り離して、当事者を同一の状況に位置付けてしまっている。これでは、この契約に手続き的正当性があるとは言い難い。むしろ、原初状態において正義の構想が支持され、そうした契約が道徳的正当性を得るには、間主観的な自己、すなわち「負荷のかかった自己」への認識が必要なのではないか、とサンデルは述べる。そうした「負荷のかかった自己」同士の契約による正義の構想であってこそ、多元性を承認したものになるのではないか、と考えるのだ。

サンデルは最終的に、ロールズ理論はその人格理論と正義の理論の間で不整合を起こしていると結論付ける。そして、むしろ濃密な「負荷のかかった自己」像を認め、正や公共的なものが、善や個別的なものに対して優先するという観念を捨てて、ロールズの提案する正義の原理が実現するために本当に必要なものを見定めるべきだと述べるのである。サンデルによれば、それはコミュニティへの同胞愛であり、個別的な事柄も時として公共的な事柄たりえることを認め、個別的な善き生の構想についても真剣に熟議することなのである。

3 『民主政の不満』・『公共哲学』——共和主義のヴィジョン

前節で述べたようなロールズ理論への批判を経て、サンデルは自身の議論を公共哲学という形で練り上げていく。それが提示されているのが『民主政の不満』と『公共哲学』である。公共哲学とは、「われわれの実践に潜在している政治理論であり、われわれの公共生活を形作る市民性と自由に関する想定である」（『民主政の不満』第一章）とサンデルは述べる。言い換えれば、われわれがどんな社会において（正義の構想）、どんな生を送りたいのか（善き生の構想）についての包括的で実践的な哲学が公共哲学なのである。

こうした公共哲学の定義によって始まる『民主政の不満』であるが、同書においての議論の半分は、リベラリズムの中立性志向への批判であり、もう半分は、リベラリズム的公共哲学に代わってサンデルが提唱する共和主義的公共哲学の提案である。

リベラリズムの中立性志向批判は、同書の出版された時期の思想状況と関わっている。同書（原著一九九六年）は時期的に考えても、ロールズの『政治的リベラリズム』（原著一九九三年）への応答という色彩が強い。ロールズは『政治的リベラリズム』において、『正義論』の議論を部分的に修正し、彼の正義の構想は、善き生の構想を含む包括的教説ではなく、あくまでも多様な包括的教説が重なり合う部分についての基本的合意（政治的教説）だと述べた。善き生の構想を含む包括的教説について論じても、多元的な社会では完全な合意を得ることは実際上難しいというのである。そして、公的な場ではそうした個人的な包括的教説を括弧に括って議論すべきだとした。

サンデルは、こうしたロールズの立場を、形而上学的な水準で正が善に優先しているというよりも、現実的な状況を根拠に善を巡る議論を回避していることから、最小限主義的リベラリズムと名付け、その特徴を中立性志向だとした。中立性志向とは、個人的アイデンティティと政治的アイデンティティを区別し、個別の善き生の構想から影響を受けない中立的な正義を構想しようとすることである。そして、こうした中立性志向は実際には不可能であり、正義はなんらかの志向性を持たざるをえず、また時として中立性を志向する正義は一般にリベラルだと言われる道徳的直観から離れてしまうことすらあると述べる。一見するとプライバシーを尊重して個人的な領域に立ち入らないようにしている手続き的リベラリズムも、実際は善き生の構想を巡る問題系から逃れられているわけではないというのである。

たとえば、「安息日厳守主義者にだけ休日を自由に指定する権利を与えてよいか」というような宗教的自由に関する問題では、手続き的リベラリズムは却ってリベラルとは言い難い帰結をもたらす。手続き的リベラリズムの立場から言えば、安息日厳守主義者の信仰に基づいた主張は、たとえば単に水曜日に休みが欲しいという個人的な信念と区別できず、認められない。手続き的リベラリズムは、自由に選択する自己という人格像から出発するがゆえに、生まれ落ちたコミュニティにおける宗教がいかに深く個人のアイデンティティに結び付いているかを捉えきれない。また、道徳的に中立であろうとするがゆえに、他の個人的信念から宗教を区別して特別に政府が保護する説得的理由を提示することができないのである。

言論の自由についての事例で言えば、ネオ・ナチの集団行進や、ポルノグラフティを適切に制約することが手続き的リベラリズムの立場からは難しいことが分かる。それは集団への害悪が「負荷なき自己」観では捉えられないことと、手続き的リベラリズムが言論の内容に対して中立的であろうとすることによる。ネオ・ナチの集団行進を規制しようとしても、自分の属するアイデンティティ集団が全体として侮辱されることの深刻さを「負荷なき自己」観では捉えがたいうえに、価値中立的であろうとすると、それを公民権運動における行進と区別することが難しくなってしまうのである。

そして家族法についての事例に至ると、手続き的リベラリズムは一見中立的でありながらも、実質的に特定の善き生の構想を後押ししている。たとえば、理由に深く立ち入らずに離婚を認めることは一見中立的に見えるが、そうなれば社会全体での離婚は増大するし、結果として「簡単な理由で離婚しても構わない」という道徳観念を後押ししているのと同じことになるとサンデルは述べる。こうしたサンデルの議論は、フェミニズムがしばしば問題とする公的な領域と個人的な領域の区分を巡る議論と近しいものがある。手続き性と中立性だけを標榜しようとしても、そうした善き生の構想を巡る議論から逃れることはできないし、却ってそうした問題を野放しにしてしまうことにつながってしまうのである。

こうした手続き的リベラリズムの中立性志向を批判すると同時に、サンデルは自己統治という理想に導かれた共和主義的公共哲学を提案する。それは個人の美徳に支えられた自己統治を目的とした目的論的正義を構想することに他ならない。サンデルは、そうした自己統治のプロジェクトとしての共和主義の伝統がアメリカの歴史に息づいていることを、プライバシーの法理を巡る議論や経済政策を巡る議論の歴史を辿ることで示そうとする。

同書後半におけるサンデルの見立てに従えば、アメリカの歴史において共和主義的公共哲学からリベラリズム的公共哲学への転換が起こったのは、二〇世紀中頃であり、アメリカの歴史の中ではリベラリズム的公共哲学の方が歴史の浅いものである。法的にはウォーレン・コート（一九五三－六九年）とそれに続くバーガー・コート（一九六九－八六年）における一連の司法判断において、経済的には戦時下、戦後のケインズ政策の採用によって、共和国の手続き化とリベラリズム的公共哲学の隆盛は起こった。しかしそうした統治の有り様は、ベトナム戦争に敗北し、慢性的な経済不況に襲われ、伝統的なコミュニティの紐帯が弱まってからは支持を失い、政治への不満が蓄積していったとサンデルは考えるのである。アリストテレスが生きた時代のポリスではなく、多元的な現代アメリカ社会において、いかにしてコミュニティ感覚と個人の美徳を陶冶し、自己統治の土台を作り上げるかが、現代における政治課題だとサンデルは考えるのである。

一方の『公共哲学』（原著二〇〇五年）はサンデルが様々な媒体に寄稿した文章を集めた本である。そのほとんどが九〇年代に書かれたものであり、出版時期こそずれてはいるものの、『民主政の不満』と同時期の著作であるといえる。ただし、内容は抽象的な政治思想上の議論を扱った章から具体的な政治課題に言及した章まで様々である。第一部「アメリカの市民生活」は、ニューディールやレーガノミックスといった、アメリカにおける共和主義の伝統とその変容について語られており、『民主政の不満』と重なる部分が多い。第二部「道徳的、政治的議論」はより具体的な政治課題、公営宝くじや学習教材の中の企業広告、生命倫理に関する課題、クリントンの弾劾裁判、CO_2の排出権取引等についての是非が論じられている。そして第三部「リベラリズム、多元主義、コミュニティ」ではより抽象的な思想的議論が扱われている。同書において特に注目しておくべき議論は、やはり第三部に集中している。理論的な観点からみれば、第一章、第二二章、第二八章、第三〇章を読むことで、『リベラリズムと正義の限界』から『民主政の不満』に至るサンデルの思想の根幹が掴める。

同書でサンデルは自身の議論を、既存の主流なコミュニティの価値や多数決原理の単純な尊重といった素朴なコミュニタリアニズムと区別している。サンデルの議論の核心は社会構造の正義と個人の善き生の構想から切り離して論じることはできないという点にある。それらをひとまとまりの包括的な哲学として捉え、社会構造の正義も、その目的の道徳的価値を公共的理性によって検討するべきだというサンデルの議論は、確かにコミュニティの価値の単純な称揚とは異なるものである。

そしてサンデルは、正義の目的は共和主義的な自己統治であるべきだ、と考える。善き生の構想について熟議することでコミュニティ感覚は深まり、公共的理性は陶冶され、自己統治が可能となる。同時に、そうして陶冶された公共的理性はリベラルな公共的理性よりも広がりのあるものになるというのがサンデルの共和主義のヴィジョンなのである。

4 『完全な人間を目指さなくてもよい理由』——科学技術と政治哲学

『完全な人間を目指さなくてもよい理由』（原著二〇〇七年）はアメリカにおけるリベラルな優生学の現状と、その問題点について論じたものである。そもそもアメリカは、戦前から優生学的な傾きがあり、ヒトラーを賛美する論調すら一部に見受けられたが、戦後には退潮した。ところが、遺伝子についての研究が進むにつれて、新しい優生学と呼ばれる現象が、すなわち市場における消費者行動によって遺伝子が淘汰され、改良されていくという事態が現実のものとなった。精子バンクであったり、羊水穿刺による出産選択であったり、遺伝子強化であったり、様々な可能性が出てきた。そうした事態の倫理的是非について論じているのである。

そうした遺伝子レベルでの「増強《エンハンスメント》」についてサンデルは否定的である。そもそも人間の身体というのは授かり物であるということに敬意を払い、自然を支配したいというプロメテウス的衝動に抗して謙虚になるべきだ、と主張する。しかし同書において重要なのは、こうしたサンデルの道徳的主張だけではない。むしろその背景にある科学技術の進歩と政治哲学の緊張関係がもたらす問題系とそれについてのサンデルの整理こそ重要である。

サンデルによれば、遺伝子研究の進展に伴い、これまで運の問題だと考えられていた才能や性格などが修正可能なものになると、才能や性格が良くないことも本人、ないしその親の責任ということになってしまう。こうした個人責任の領域の拡大はコミュニティの運命共同体的な性格を弱め、社会の分断を促進してしまう。こうした事態が進めば、ロールズ理論における格差原理を下支えするコミュニティ感覚は失われてしまうし、ドゥウォーキンの主張する運の平等論の範疇も狭まってしまう。したがって、新しい優生学はリベラリズムの議論の土台そのものを掘り崩してしまう危険性のある事態であるにもかかわらず、肝心のリベラルな論者はこうした優生学をむしろ支持してすらいる。科学技術が政治哲学の問題の構図そのものを変えかねないということに、リベラリズムは鈍感すぎるのではないか、というのがサンデルの主張なのである。

こうした事態に対応するためには、国家や大企業だけでなく、消費者一人一人の善き生の構想を公的な場で積極的に論じ、陶冶する必要がある。善き生の構想に対して中立を守るという立場は、結局のところ消極的な形でリベラルな優生学を容認することにつながっており、本当の意味で中立ではない。また、義務論的倫理学の枠組みで論じている限り、こうした遺伝子研究に関わる問題系を正確に掴むことはできない。人格／非人格という二項対立を越えて、自身の身体や自然が授かり物であることを認識し、それらへの敬意を持って謙虚になることこそ、正義の構想の土台である社会の連帯を維持することにつながるとサンデルは考えるのである。

また、こうした議論がロールズ『正義論』やドゥウォーキン『ライフズ・ドミニオン』（原著一九九三年）の論理を換骨奪胎したものになっていることも注目しておいて良い。『リベラリズムと自由の限界』同様に、サンデルはまず相手の論理を整理したうえで、その内在的な困難を指摘することで自説を述べている。この場合、ロールズが『正義論』で述べる才能が社会の共有財産であるという考えと、ドゥウォーキンが『ライフズ・ドミニオン』で述べる生命への畏敬の念とを組み合わせ、それを巧みに援用することで自身の目的論的正義論を擁護しており、それによって説得力のある議論を展開しえているのである。

5　『それをお金で買いますか』――経済と共和主義

『それをお金で買いますか』(原著二〇一二年)は、『民主政の不満』において述べられている経済政策における共和主義的な思考の衰退を受けて、現在のアメリカにおいて市場主義が深く浸透しすぎていることに警鐘を鳴らすものである。言い換えれば、現在のアメリカ社会において、いかにして自己統治を促すように市場を飼い慣らしていけるのかについて議論されているものである。

サンデルは、市場が道具的価値しかない財を交換することのみに用いられているぶんには問題ないが、そうした思考が社会に浸透し、生活の有り様や社会的関係が市場によって作り替えられてしまうような事態は避けるべきだと述べる。そうした市場(的思考)によって、財や社会的実践が、それの持つ本来の目的をすり替えられてしまったり、本来なされるべき評価方法よりも、低俗な評価方法によって評価されるようになってしまったりすることを、腐敗であるとサンデルは考える。そうした非市場的価値への市場的思考の浸透による財や社会的実践の腐敗は、それらの本来持つ目的を見失わせるという点で道徳的に擁護しがたいものである。そして同時に市民の共有体験の場や可能性を目に見えない形で減らし、富裕層と貧困層の社会的分断を促して社会の共和主義的基盤を掘り崩すものである。

サンデルは民主主義に完全な平等が必要だとは言わないが、市民が生活の一部を共有し、異なる人間と出会うことが大切だと説く。そうしたコミュニティ感覚こそが、リベラリズムの考える多元的な社会において、異質なものを認め、共通善について真剣に考える素地を提供するとサンデルは考えるのだ。

こうした議論の進め方は、サンデルのここまでの議論と大きく異なるとは言えないが、一方でこれまでの著作にない議論の力点の移動がある。『民主政の不満』などで取り上げられた、中立性志向への批判は背景に引き、むしろ共通善についての熟議の必要性の道徳的擁護が前景化している。これは、サンデルの論敵の微妙な変化を反映してのものであるといえる。

九〇年代の著作では、中立性志向を特徴とする手続き的リベラリズムへの批判が多かったが、それに比べて同書でより意識されているのは、サンスティンらシカゴ学派の法的ミニマリズムである。彼らは深く広い議論はできる限り回避し、合意が得られるものについて合意を取り付け、浅く狭い合意を重ねていくことでコミュニティ感覚を維持すべきだと述べる。いわば、異質なものとの出会いや、共通善についての議論こそ、社会の分断を浮き彫りにし、コミュニティ感覚を掘り崩すものだと考えるのである。

サンデルはコミュニティ感覚が共通善についての議論によって促進されると考え、リベラルな正義は手続き性を重んじ、価値中立を装いながらも実質的にはある特定の善き生の構想を内包していると指摘してきた。しかし、法的ミニマリストたちの立場は逆に、共通善についての原理的な議論は却って妥協し合えない分断を露呈させてしまうだけだとして、極端に手続き性を重んじる功利主義的なものである。したがってサンデルは、そうした立場に対して、共通善に関する議論や思考がなぜ必要なのかをコミュニティ感覚の維持以外の論拠も含めて述べる必要がある。それが、同書における財や社会的実践の腐敗に関する目的論的倫理学からの考察の強調に繋がっていると言えよう。

6 まとめ

以上、見てきたようにサンデルの主張は以下のように要約できる。すなわち、サンデルはリベラリズムの主張の政策的帰結に全て反対なわけではなく、功利主義と異なり個人の尊厳を守るべきであると考えるし、リバタリアニズムと異なり福祉政策は必要であると考える。しかし、その論拠がリベラリズムとは異なる。人間一人一人は授かり物であり、ありのままを最大限に尊重されるべきである。そうした個人は、自己統治の主体であることによってこそ、その尊厳を守ることができる。自己統治のためには、最低限の経済的安定が必要となるがゆえに福祉政策は擁護されるが、そうした福祉政策を実現するためにはコミュニティ感覚が培われている必要がある。同時に経済的安定は社会での共有体験の機会を増やすことにつながり、コミュニティ感覚の陶冶につながる。そうした土台をもった社会においては、コミュニティ感覚の土台の上で、善き生の構想を熟議によってぶつけ合い、それを社会構造の正義に反映させることができるはずである。またこうした政治体験もコミュニティ感覚を陶冶することに繋がっていくのである。

サンデルの描いた世界は、自己統治のプロジェクトが、経済的な回路と政治的な回路を経由しながら、コミュニティ感覚の陶冶へとポジティブにフィードバックしていく社会である。それによってこそ、多元的なアイデンティティを持つ「負荷のかかった自己」である個人が、単なる無関心による放任ではなく、他者としての承認を受けながら尊重される社会が実現すると、サンデルは考えるのである。また、そうした社会で生きる個人に求められる美徳を、サンデルは次のように述べている。

図14-2　サンデルの共和主義像

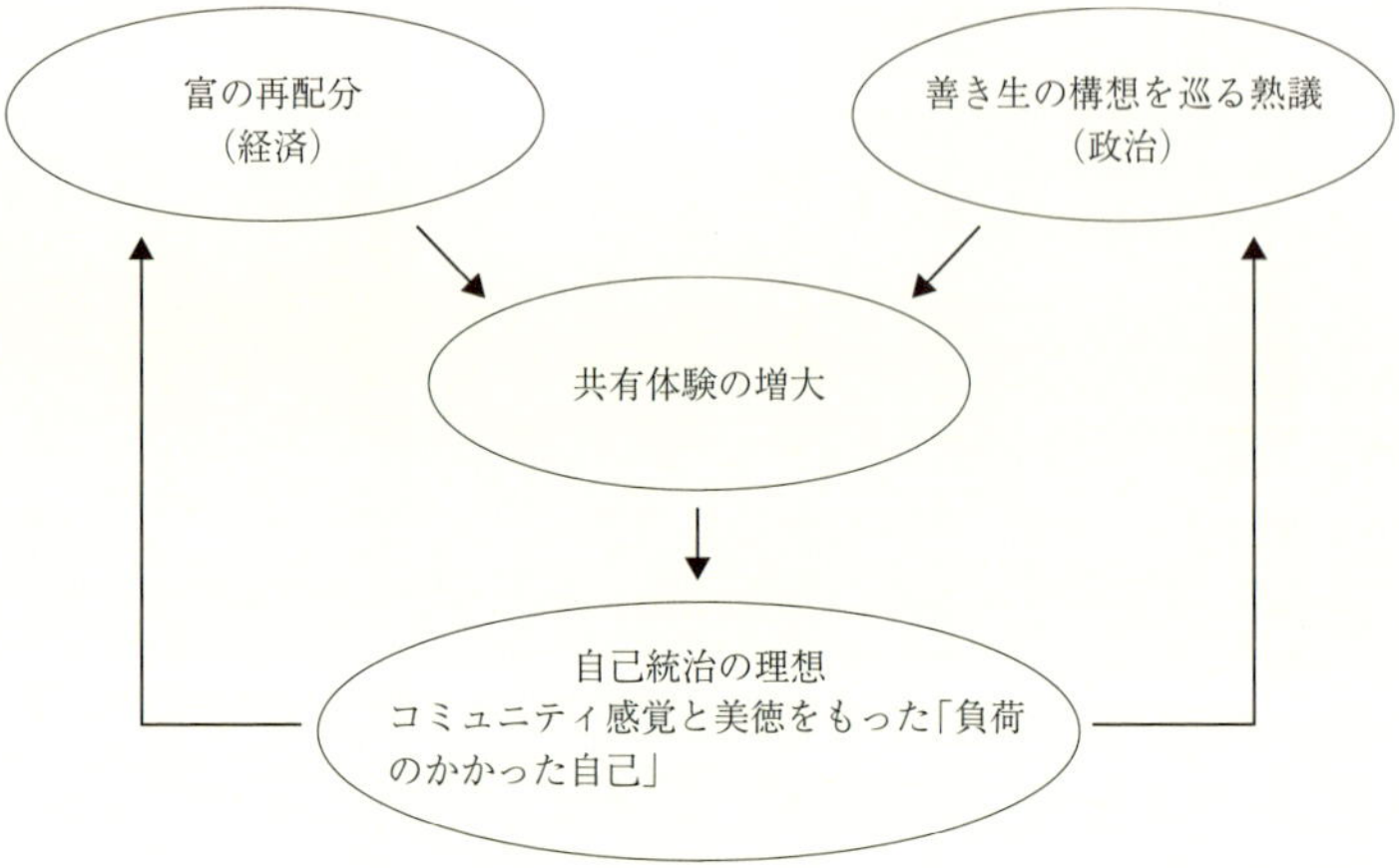

こうした政治が求める市民とは、分割された主権によってもたらされる曖昧さに耐え、また、多様に位置付けられた自己として考え、振る舞えるような人間である。われわれの時代に特有の市民の徳とは、時として重なり合い、時としてぶつかり合う、われわれに求められる責務のあいだで、自分たちの進む道を擦り合わせて決めていく力であり、多様な忠誠心によってもたらされる緊張感と共に生き抜く力なのである。（『公共哲学』第一章）

なお、昨今のサンデル・ブームに乗る形で、邦訳書は充実しており、二〇一二年八月現在、サンデルの単著六冊に関しては全て邦訳がある。それに加えて、白熱教室に関連した書籍、DVD等も出版されている。初学者がサンデルの著作に取り組む場合は、『公共哲学』の本文中で指摘した各章、あるいは『これからの「正義」の話をしよう』などが取り組みやすいだろう。また、包括的な解説書としては、小林正弥『サンデルの政治哲学』（平凡社新書）がある。

〔文　献〕

マイケル・サンデル／菊池理夫訳『リベラリズムと正義の限界』（勁草書房、二〇〇九年）
マイケル・サンデル／金原恭子・小林正弥監訳、千葉大学人文社会科学研究科公共哲学センター訳『民主政の不満―公共哲学を求めるアメリカ　手続き的共和国の憲法（上・下）』（勁草書房、二〇一〇-二〇一一年）
マイケル・サンデル／鬼澤忍訳『公共哲学―政治における道徳を考える』（ちくま学芸文庫、二〇一一年）
マイケル・サンデル／林芳紀・伊吹友秀訳『完全な人間を目指さなくてもよい理由―遺伝子操作とエンハンスメントの倫理』（ナカニシヤ出版、二〇一〇年）
マイケル・サンデル／鬼澤忍訳『これからの「正義」の話をしよう―いまを生き延びるための哲学』（早川書房、二〇一〇年）
マイケル・サンデル／鬼澤忍訳『それをお金で買いますか―市場主義の限界』（早川書房、二〇一二年）
小林正弥『サンデルの政治哲学―〈正義〉とは何か』（平凡社、二〇一〇年）

あとがき

「政治思想史」という学問について、大学に入学したばかりの学生はどんなイメージを持っているだろうか？　一昔前だと、高校で習った倫理社会で出て来たホッブズ、ロック、ルソー、ベンサムなどの理論を本格的に学ぶのかな……くらいのイメージはあったと思うが、最近は、「倫理」も「政治・経済」も必修でなくなったせいか、（少なくとも私の勤めている大学の）大多数の学生は、具体的なイメージをほぼ持っていないようである。「政治」と「思想史」という堅い言葉が二つくっついた、ややこしそうな学問という程度の印象しか持っていないのが普通のようである。

「政治思想史」は多くの場合、法学部あるいはそれに類した法学・政治学関係の学部・学科の専門科目になっている。学問的にまだあまりスレていない若手の哲学・思想史研究者、あるいは、（かなり）昔の（いい大学の）法学部で「政治思想史」を学んだ人であれば、「法学部の学生なら、近代の法や政治の基礎になっている社会契約論、功利主義、市民社会論などに関心を持っていて当然……」と思うかもしれない。しかし、それは幻想である。幻想でないのは、相当レベルの高い法学部に限られた話だろう。

法学部というところでは、司法試験や各種資格試験に関係がある憲法、民法などの実定法関係の授業が幅を利かせている。〝真面目な学生〟は、そうした科目には力を入れるが、そうでない科目は、〝おまけ〟扱いする。実定法の基礎という位置付けの法哲学や法制史、公務員試験にある程度役に立つ行政学や公共政策論でさえ、〝おまけ〟扱いされているふしがある。名前からして、政治学系の中で最も〝非現実部門〟であるように見える「政治思想史」は最も敬遠される。

当然、〝最も役に立たない政治思想史〟の教員がやる気を出して、ホッブズ、ロック、ルソー等のややこしい理屈を適当に省略しないできちんと教え、試験でも、〝授業にちゃんと出ていないと解けない問題〟を出題し、きちんと採点すると、多くの学生から不興を買う。「政治思想史のくせに……」、ということだろう。第一回目の授業のイントロで、「『良い政治』とはどういう政治だと思いますか？」、というベタな質問を投げかけて、多少関心のありそうな学生たちと数分やりとりしていると、さっさと退出し、ネット上で「ひどかった。五分も耐えられなかった！」、とつぶやいたりする奴がいる――ひどいのは、どっちだ！　それが、私にとっての「政治思想史」の現実である。

二〇一〇年のサンデル・ブームのおかげで、（「政治思想史」よりももっと堅いはずの）「政治哲学」に関心を持つ学生は、法学部に限らず、若干増えた。しかし、その〝政治哲学ファン〟の圧倒的多数は、「政治哲学」で論じられる学問的テーマ自体に関心を持っているわけではなく、学問の素人が難しい哲学的議論をすることができるよう巧みに誘導してくれる、〝サンデル先生〟の〝すごいメソッド〟に対して大道芸的な関心を抱いているだけである。

サンデル先生のハーバード白熱教室での授業風景をよく見れば分かることだが、彼は何も知らない学生にいきなり難しい議論をさせているわけではなく、授業の前に政治哲学・政治思想史の古典的テクストを読んで予習してくるように指定している。古典的テクストをちゃんと理解し、咀嚼してくるからこそ、ピンポイントで難しいテーマについて議論できるのである。

そこが分かっていないと、予習しなくても、先生の司会次第で、自分もスーパーマンになれるような幻想を持ってしまう。そんなことは、サンデル先生も望んでいないだろうし、学問の本質から最もかけ離れた発想である。

一昔前は、中学か高校の入学式あたりで、「学問に王道なし」という言葉を聞かされたものだが、今では、大学を卒業していい年になっても、学問に王道あり、と思っている人たちが少なくないようだ。

そうしたことを常日頃から思っていたので、この政治思想史の教科書の編集に当たっては、無闇に妥協せず、基本的な概念をきっちり解説することに力を入れるよう、各執筆者にお願いした。ただし、「きっちり解説する」というのは、ごく少数の同業者にしか通じない自説を自己満足的に展開することではない。伝統的な日本の政治思想史の教科書を見ると、昔の学生が本当に真面目だったのか、執筆した先生たちが「どうせ学生には分かるまい」とタカをくくっていたのか分からないが、異様にマニアックな書き方をしているのが少なくない。そういう書き方はしないように、ということも強くお願いした。

私としては、適度な堅さに仕上がったのではないか、と思っている。この本を通して、「政治思想史」という、それほどエキサイティングではなく、実益にも直結しないけれど、じっくり勉強すれば、古典的な知に対する興味がどんどん湧いてくる堅い学問に関心を持つ学生が、ごく少数でも出てきてくれれば、幸いである。

二〇一二年一一月

仲正　昌樹

人名・事項索引

あ 行

か 行

さ　行

た　行

な　行

は　行

ま　行

や　行

ら　行

執筆者紹介

（執筆順、＊は編者）

＊仲正《なかまさ》 昌樹《まさき》	金沢大学法学類教授	序　章
和田《わだ》 泰一《たいち》	摂南大学法学部准教授	第１章
望月《もちづき》 由紀《ゆき》	東都大学幕張ヒューマンケア学部准教授	第２章
今村健一郎《いまむらけんいちろう》	愛知教育大学准教授	第３章
淵田《ふちだ》 仁《まさし》	城西大学現代政策学部助教	第４章
島内《しまのうち》 明文《あきふみ》	星薬科大学准教授	第５章
浜野《はまの》 喬士《たかし》	明星大学教育学部准教授	第６章
大井《おおい》 赤亥《あかい》	元東京大学非常勤講師	第７章
遠藤《えんどう》 知子《ちかこ》	大阪大学大学院人間科学研究科講師	第８章
清家《せいけ》 竜介《りゅうすけ》	龍谷大学社会学部准教授	第９章
蛭田《ひるた》 圭《けい》	オーフス大学助教	第10章
大澤《おおさわ》 津《しん》	北九州市立大学法学部准教授	第11章
山田《やまだ》 陽《あきら》	神奈川大学・神奈川工科大学非常勤講師	第12章
植田《うえだ》 晃博《あきひろ》	公益財団法人笹川平和財団研究員	第13章
種田《おいだ》 佳紀《よしき》	埼玉医科大学医学部講師	第14章

【編者紹介】

仲正　昌樹（なかまさ　まさき）

1963年広島生まれ。東京大学大学院総合文化研究科博士課程修了。
現在、金沢大学法学類教授。
主な最近の著書に、『現代ドイツ思想講義』（作品社、2012年）、『今こそルソーを読み直す』（日本放送出版協会、2010年）、『ポストモダンの正義論』（筑摩書房、2010年）、『なぜ「自由」は不自由なのか』（朝日新聞出版、2009年）、『今こそアーレントを読み直す』（講談社、2009年）などがある。

Horitsu Bunka Sha

政治思想の知恵
――マキャベリからサンデルまで

2013年2月15日　初版第1刷発行
2022年3月15日　初版第3刷発行

編　者　仲　正　昌　樹

発行者　畑　　　光

発行所　株式会社　法律文化社

〒603-8053
京都市北区上賀茂岩ヶ垣内町71
電話 075(791)7131　FAX 075(721)8400
https://www.hou-bun.com/

印刷：西濃印刷㈱／製本：㈱藤沢製本
装幀：白沢　正
イラスト：辻井タカヒロ

ISBN978-4-589-03479-3